深度学习框架下
目标检测关键技术及应用研究

韩明 王敬涛 刘智国 贾梦 宋宇斐 赵冰雪 茹晓彤 李瑞虹 曹智轩 著

清华大学出版社
北京

内 容 简 介

本书主要阐述了人工智能领域中深度学习涉及的多种网络架构算法,详细阐述了YOLO系列和轻量化模型的网络架构和工作原理以及进行的多方面改进和提升。将改进后的网络模型在电力线路巡检及典型设备的识别和检测、烟支空稀头检测和公共环境中的吸烟检测等场景中进行实验和应用。本书融合了人工智能领域的基础理论和前沿应用,理论和实践相结合,对改进的网络模型进行了多方面的实验验证,验证算法的高效性和鲁棒性。

本书可作为相关专业本科生、研究生以及对人工智能领域感兴趣的读者在深度学习中的参考书,希望本书为广大读者及从事相关研究的工程技术人员提供有用参考。

版权所有,侵权必究。举报:010-62782989,beiqinquan@tup.tsinghua.edu.cn。

图书在版编目(CIP)数据

深度学习框架下目标检测关键技术及应用研究 / 韩明等著.
北京:清华大学出版社,2025. 2. -- ISBN 978-7-302-68386-5

Ⅰ. C931.2

中国国家版本馆 CIP 数据核字第 2025TG8220 号

责任编辑:鲁永芳
封面设计:常雪影
责任校对:王淑云
责任印制:刘 菲

出版发行:清华大学出版社
　　　　　网　　　址:https://www.tup.com.cn,https://www.wqxuetang.com
　　　　　地　　　址:北京清华大学学研大厦 A 座　　　邮　　编:100084
　　　　　社 总 机:010-83470000　　　　　　　　邮　　购:010-62786544
　　　　　投稿与读者服务:010-62776969,c-service@tup.tsinghua.edu.cn
　　　　　质量反馈:010-62772015,zhiliang@tup.tsinghua.edu.cn
印 装 者:小森印刷霸州有限公司
经　　销:全国新华书店
开　　本:170mm×240mm　　印　张:10.75　　　　字　　数:208 千字
版　　次:2025 年 2 月第 1 版　　　　　　　　印　　次:2025 年 2 月第 1 次印刷
定　　价:65.00 元

产品编号:108784-01

前言

随着人工智能技术的不断发展,对其进行的研究越来越深入。本书作者对人工智能技术中涉及的深度学习框架算法进行深入研究,并将其在工业生产中进行场景应用,切实将深度学习算法应用于实践。

本书主要包含算法和应用两部分:其一,对现有深度学习算法框架进行改进,提高算法的精度、实时性和鲁棒性,利用 Deeplabv3 和 YOLOv7 等轻量模型实现对电力线路和典型设备的识别和检测,极大提高了检测的效率和精度,实现了基于人工智能的电力线路巡检,节省人力、物力和财力,也凸显出人工智能技术在输电领域的深入应用;其二,利用深度学习技术实现烟支空稀头检测和公共环境中的吸烟检测,通过增加注意力机制和采用轻量化 Ghost 卷积实现对 YOLOv5s 的改进,并在此基础上改进 YOLOv7,实现更加精准的烟支空稀头检测,同时利用改进YOLOv7-tiny 算法实现对公共场所吸烟检测。以上两个应用场景将深度学习由理论侧面深入应用到了工业生产生活中,使深度学习技术能够切实服务于工厂生产和生活实践。

本书由石家庄学院韩明教授团队完成撰写,出版得到了河北省青年拔尖人才项目、中央引导地方科技发展资金项目(项目编号:246Z0107G)的大力支持,在此向提供资金支持的中共河北省委员会、河北省人民政府、河北省科学技术厅表示深深的感谢!感谢河北省物联网智能感知与应用技术创新中心的大力支持。

本书在撰写过程中得到了各方的大力支持和帮助。感谢王震洲教授、唐心亮研究员和王建超博士提出的宝贵意见和建议,为稿件的修改提供了帮助;感谢苏鹤博士、侯佳宁、田穗穗等同学为本书提供了很多有价值的素材,并协助完成了多轮审核和校对工作。

在本书的撰写过程中,作者研读了大量的文献,参考并融合了国内外专家、学者在相关领域的研究成果,在此对他们表示衷心的谢意!

由于作者水平有限,书中疏漏和不妥之处在所难免,希望广大读者不吝赐教,在此深表感谢。

本书彩图请扫二维码观看。

作　者

2024 年 8 月

目录

第1章

绪 论

1.1 研究背景与意义

随着我国电力行业的飞速发展和人民生活水平的不断提高,各行业对电力的需求大幅增长,而电网作为我国较为重要的基础设施之一,承担着能源输送和供给的重要使命[1]。在电网中,输电线路扮演着跨地区输电的重要角色,因此对其进行电力巡检的任务成为确保地方输配电网络体系安全健康运行的重要一环[2]。输电线路一旦无法正常运行,不仅影响居民的正常生活,而且影响社会的稳定与发展。定期对输电线路进行电力巡检是保证输电线路安全、可靠运行的重要方法[3]。

电力线和绝缘子作为输电线路的典型部件,是输电线路的重要组成部分[4]。其中,电力线承担着电力传输的重要责任,将发电站、变电站、用电设备及用户联系起来,在电力工业的正常运转中起着至关重要的作用[5]。绝缘子作为一种常用的绝缘控制元件,广泛应用于高压输电线路中,是输电线路的重要部件,主要起到两方面的作用:第一,其在通过电力塔时,用于固定、支撑电力线;第二,实现电气绝缘,避免电流回到地面[6]。在长期自然环境及其他恶劣条件作用下,电力线和绝缘子容易损坏,因此需要定时开展输电线路巡检工作,及时发现潜在的电力安全问题,确保电网稳定、可靠运行。

输电线路巡检方式多种多样[7],其中人工巡检方式是传统巡检方式之一[8],具有自动化程度低、效率低、危险系数高[9]的特点,目前其已经无法满足日益繁重的巡检工作要求[10]。随着智能电网的提出,基于无人机的智能巡检方式[11]逐渐取代传统的人工检测方式,成为一种新的电力巡检方法。无人机具备低成本、易操作、高效率的优点,在各个工业领域有广泛应用,因此搭载巡检设备的无人机执行巡检任务时,能够快速、准确地找到检测点。近年来,无人机巡检应用日益广泛,逐步形成"机巡为主,人巡为辅"的模式[12]。

在无人机巡检技术中,基于图像的输电线路典型目标的识别任务是无人机自主巡检系统执行任务中不可或缺的一部分[13]。语义分割网络拥有像素级的判别能力,由于电力线具有不同于其他电力元件的细长的特殊性质,可将其应用于电力线提取。因此,基于输电线路典型目标的识别任务可以分为两大类:一类是语义分割任务,另一类是目标检测任务。其中,电力线提取可以被视为语义分割任务,绝缘子等元件的识别检测可以被视为目标检测任务。

电力线提取任务对无人机的视觉导航起到辅助作用,有助于其在巡检过程中校正航线偏移现象,使其避免与电力线相撞[14]。无人机巡检时,获取的清晰稳定的绝缘子图像可以为后期的缺陷检测奠定基础[15]。传统的图像处理方法在特征提取方面存在一定的主观性和规则性约束[16],因此不利于处理无人机巡检获取的电力线和绝缘子图像,并且这类图像常伴有复杂的背景干扰,人为设定的特征判别规则可能会导致误判[17]。近年来,深度学习技术飞速发展,通过使用神经网络提高了工作人员分析复杂数据的能力,并利用计算机能够快速处理海量数据,极大地减轻工作人员的负担,因此结合深度学习技术对输电线路典型目标图像进行处理成为更高效、可靠的方案。

输电线路是输送电能的媒介,因此确保输电线路的安全平稳运行至关重要。在实际应用过程中,人们发现许多常见的输电线路上会不同程度地出现异物问题,由于输电线路通常分布在空旷地区,其上方常会出现塑料薄膜、气球和鸟巢等异物,若这些异物存在于某一段路线中,则会使放电距离大大缩短,严重时可造成输电线路断线,导致大范围停电[18],所以进行输电线路异物检测非常有必要。当传统的输电线路巡检方式无法有效解决这一问题时,利用机器视觉系统对输电线路异物进行实时检测就成为必要的步骤[19]。风筝、气球、塑料薄膜、鸟巢等则是输电线路上一些常见的异物,如图 1-1 所示。

| (a) | (b) | (c) | (d) |

图 1-1　输电线路上常见的异物

(a) 风筝；(b) 气球；(c) 塑料薄膜；(d) 鸟巢

随着智能信息化的发展,输电线路设施可以通过一些智能拍摄设备,如视觉机器人、无人飞行器等进行智能巡检。目前,基于视觉的人工智能图像识别成为智能检测的主要方法,无人飞行器在输电线路巡检过程中,主要应用于输电线路全方位巡检、输电线路异物检测和输电线路异物清除方面,大幅降低了人工成本[20]。其中,输电线路异物检测是基于视觉的目标检测,其目标检测模型可以快速地识别出智能设备拍摄照片中的目标物体。而对于基于深度识别的目标检测系统,提高其目标检测算法的鲁棒性,不仅对提高输电线路的智能巡检起着至关重要的作用,而且对促进电力设备运行效果、减少设备故障情况具有重要的实际意义。

以智能设备为载体进行航拍巡检是输电线路异物检测中常用的方法,这种智能巡检方法首先通过拍摄输电线路信息进行检测,然后基于深度学习算法判断输电线路上是否存在异物。深度学习本身具有不可解释性及不透明性,因此基于深度学习的目标检测算法在测试集上表现良好,但也会在遇到极端情况或遭到对抗攻击时出现目标检测算法失效的情况。面向输电线路异物的智能检测,其面对的地理环境复杂,检测地域广阔,因此目标检测算法容易出现漏检和错检的情况,甚至在一些极端情况下人为通过对抗攻击技术对智能巡检设备进行恶意欺骗,可能会发出无法及时发现破坏行为或智能巡检设备无法正常工作等严重安全问题,对电力系统造成不可估量的损失。面向输电线路异物检测算法的鲁棒性研究可以及时检验智能设备是否在稳定工作,当发现目标检测算法的安全问题时,可以有针对性地对目标检测算法进行优化,使其更具有鲁棒性,因此鲁棒性研究在输电线路异物智能巡检中至关重要。

1.2　国内外研究现状

1.2.1　电力线提取研究现状

近年来,随着输电线路自动化巡检需求的日益增长,如何从复杂航拍背景图像中提取电力线是无人机巡检系统需要解决的关键问题,同时为电力线故障检测奠定基础。现有的电力线提取方法主要分为两大类[21]:一类是基于直线与线段的传统的电力线提取方法,另一类是基于深度学习的电力线提取方法。

1. 传统的电力线提取方法

传统的电力线提取方法采用逐步细化的流程,首先对图像进行预处理,强化电力线边缘特征并消除背景干扰;其次对电力线进行粗略检测;最后对提取的电力线进行细化。Candamo 等[22]基于连续图像之间的上下文信息,构建了采用光流法的运动学模型,得到特征图。然后,通过霍夫(Hough)变换获得电力线。但是,由于视频的数据量巨大,算法的计算速度受到限制。此外,收集数据时需要让无人机在特定路线上飞行,因此降低了无人机飞行的灵活性。Baker 等[23]首先通过预处理突出电力线的线性特征,然后采用霍夫变换或者随机霍夫变换识别电力线。传统方法适用于特定的场景,而对于该方法难以适应的应用场景,往往需要专家进行判别,增加了算法迭代优化的难度。张从新等[24]利用电力线在图像中呈现出的直线特性,使用坎尼(Canny)边缘检测算子生成边缘图,再通过霍夫变换检测边缘图中的直线。但是,由于受重力的影响,电力线极易发生形变,被错误检测为弧形曲线,误检率较高。陈建等[25]利用基于区域分割的随机霍夫变换的方法提取电力线,当电力线间距分布不均匀时,提取效果较差。传统方法依赖人工设定的诸多参数,环境适应性较差,并且普遍存在检测准确率不高、速度慢的问题。

2. 基于深度学习的电力线提取方法

近年来,基于深度学习的电力线提取方法已经能够很好地将电力线从图像中提取出来。Abdelfattah 等[26]提出了一种用于航空图像中电力线提取的生成对抗网络,该网络使用对抗训练来捕获上下文、几何和外观信息进行预测,并可以生成更准确的语义图像。但是,该方法不能扩展到其他任务,具有一定的局限性。Choi 等[27]提出了一种新型的多模态图像特征融合模块,该模块利用可见光和红外图像增强电力线的提取性能。但是,该模型的精度在一定程度上容易受到拍摄角度的影响,即距离电力线太近时,很难将其区分。Jaffari 等[28]提出了一种广义焦点损失函数用于解决类不平衡问题,并验证了所提出的损失函数在辅助分类器 U-Net 模型上的性能。但是,该损失函数的性能仍然落后于传统的二元交叉熵损失的性能。Yang 等[29]提出一种基于视觉的电力线提取网络,并引入了注意力融合块和多尺度特征融合,使网络能够捕获全局上下文信息。但是,网络块的引入增加了计算成本及模型检测时间。Zhang 等[30]对视觉几何组(visual geometry group 16,VGG16)网络进行改进,将卷积特征图和结构化相结合来精确提取电力线,但该模型尚未在移动端平台上运行过。刘嘉玮等[31]改进了 U-Net 网络,但是其计算量仍较大,难以在无人机终端进行部署。许刚和李果[32]采用轻量化网络模型提取电力线,大幅降低了模型的参数量和运算量,但轻量化网络效果仍可提升。杨杰[33]采用 Deeplabv3 结构,引入浅层特征,对电力线边缘实现更加精细地提取,但该模型仍可进一步提升。

尽管基于深度学习方法的电力线提取模型在性能上优于传统方法,但是该算法预测速度慢、准确性低,并且由于复杂的背景和细小的电力线,航空图像中电力线的提取仍是一项具有挑战性的任务。

1.2.2 绝缘子识别研究现状

绝缘子是输电线路中常见的电力元件,是一种特殊的绝缘控件,对保障线路的正常运行具有十分重要的意义,但是其极易发生损伤,因此如何从复杂航拍图像中识别绝缘子是无人机巡检系统需要解决的关键问题,也是绝缘子故障检测的前提。

传统的绝缘子识别方法主要是通过航拍图像的边缘轮廓和颜色特征等实现的,Iruansi 等[34]在研究过程中采用主动轮廓模型算法,成功地从图像中精确提取出绝缘子的边缘轮廓特征。Oberweger 等[35]基于绝缘子的圆形特征进行检测,从而得到绝缘子的位置。上述两种方法受限于绝缘子的形状信息,当绝缘子发生掉串等形状变化故障时,识别效果将受一定影响。彭向阳等[36]从无人机红外影像中自动识别绝缘子,通过拉普拉斯边缘提取等方法实现绝缘子的自动识别,但该方法泛化性较差,只适用于对红外图像中的绝缘子进行识别,不适用于日常的输电线路巡检任务。朱文天等[37]采用改进色差法构造新的灰度图像,计算绝缘子串的位置,但因计算过程复杂,单幅图像检测耗时高达2s,因此该方法不适用于实时性要求较高的嵌入式设备。皮俊和邹怡[38]提出了一种基于玻璃绝缘子淡绿色特征的识别算法,通过调节RGB值定位有效区域后,进行颜色分割,获得绝缘子的大致轮廓,但该方法易受背景与光照条件影响,鲁棒性差,并且只适用于特定类型的绝缘子,其泛化性能不理想。

由于深度学习在图像处理领域表现卓越,众多学者将其应用到电力巡检相关场景中。例如,赖秋频等[39]把边缘检测和直线检测等传统方法与YOLOv2算法[40]相结合进行绝缘子识别,但YOLOv2算法对于密集目标识别能力较弱,并且性能不及YOLOv3。Adou等[41]利用YOLOv3训练2 000个绝缘子图像,利用53个卷积层对图像进行特征提取,该方法准确性和计算速度仍需提升。赵文清等[42]将Faster R-CNN相结合用于绝缘子识别任务,提升识别精度,但该模型参数量大,检测速度慢。王伯涛等[43]改进YOLOv7网络模型实现绝缘子的识别,在颈部部分加入局部自注意力机制,增强微小区域的局部关注度,并且经过与其他算法的对比实验,得出改进算法对绝缘子识别检测具有良好效果的结论,但该算法在检测速度方面仍需提升。

深度学习方法与传统方法相比,提高了检测效率,但仍存在复杂环境下误检、错检率高的问题。

1.2.3 输电线路异物检测研究现状

输电线路异物检测是电力系统正常运作的基础工作,输电线路上异物所造成的电路故障情况已经不计其数,严重时甚至会给故障区域造成无法估计的危害,因此保障输电线路的安全成为各行各业更好发展的重要基础支撑[44],对输电线路异物进行检测非常有必要。目前,传统输电线路异物检测大多靠人工巡视,综合利用感官和一些配套检测仪器,以有关设备和杆塔等为主要检验对象,进行简单、定性判断,除劳动强度较大、巡检效率低的缺点外,同时存在巡检不足、检测结果很难数字化展现等问题。近年来,伴随着无人机技术的发展,数据处理技术、开发软件技术等将其进一步运用于目标检测领域。当前,目标检测算法主要包括基于深度卷积神经网络(convolutional neural networks,CNN)和传统的目标检测[45]。图1-2所示为目标检测算法的发展历程。

在输电线路异物检测算法的发展过程中,基于传统的目标检测算法主要有特

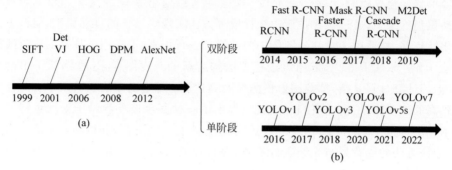

图 1-2　目标检测算法的发展历程

（a）传统目标检测方法；（b）深度学习目标检测方法

征检测算法，如方向梯度直方图（histogram of oriented gridients，HOG）、维奥拉-琼斯（Viola-Jones）算法、可变形的部件模型（deformable part model，DPM）检测方法等[46]，这类算法的候选框一般选用滑动窗口的方法进行提取。但是，采用的人工设计的特征，会涉及纹理、颜色、形状等，设计过程会遇到各种问题和难点，如设计不鲁棒、不能适应各种场景等，导致目标检测难以实现。因此，人们致力于研究改进传统的目标检测算法，并将其应用于输电线路异物检测中提高检测性能。基于传统的识别方法，邹梓龙等[47]提出了一种基于输电线中心线的异物提取方法，首先取得异物所在的区域；然后将 Sauvola 局部分割技术和最小二乘算法相结合，精确地提取出所拍图像中的输电线中心线；最后采用种子区域生长算法对输电线路异物范围进行识别，并在最终的实验中采用 50 张不同的异物数据图像验证了该算法的可行性。此外，Song 等[48]通过改进 Canny 算子的图像处理方法，使用霍夫变换对输电线路边缘特征进行提取，根据输电线是一条直线的特性判断输电线路上是否存在异物，从另一个全新的角度提出了输电线路异物检测方法。与文献[48]不同的是，赵晓鹏等[49]通过图像处理技术提出了一种基于异物面积判断输电线路上是否存在异物的方法，通过图像预处理找到异物的轮廓并计算其面积，对面积设定合适的阈值即可检测到异物。而王海洋等[50]将飞行控制技术和图像处理相结合，应用于输电线路异物检测领域，采用背景全局运动补偿的方法，将帧差法与网格概率密函数相结合标注异物，从而提高了飞行器在远距离和复杂环境中输电线路异物检测的准确率。针对飞行器航拍图像中大山、树林等复杂背景下输电线路异物检测，钱世豪[51]提出了一种动态改变惯性权重的自适应粒子群算法，采用对图像进行前景和背景分割的图像处理方法，提高了目标检测的准确率。王万国等[52]则考虑到无人机航拍图像会受到背景纹理和光照影响的问题，提出了一种基于局部轮廓特征的检测算法，通过计算分析导线的宽度变化检测到输电线路上的异物缺陷。但是，基于传统目标检测算法的输电线路异物检测的准确率依然无法满足现在电力系统工作的需求,仍然需要更高的准确率来确保其正常工作。

传统的目标检测算法发展较慢,直到 2012 年,基于卷积神经网络的目标检测算法逐渐发展起来[53]。深度学习目标检测总体上分为两种,即一阶段模式和两阶段模式,其中一阶段模式利用卷积神经网络的卷积特征直接返回对象的类别概率以及坐标值,这样提高了速度但是降低了准确率,在进行小目标检测时,漏检率高;两阶段模式与一阶段模式不同的是,其使用区域生成网络(region proposal network,RPN)算法推荐候选框,提高了检测精度。

输电线路的智能巡检应主要解决如何快速、有效地从航拍图像中识别出输电线路上的异物,因此在基于改进深度学习网络研究方面,唐翔翔等[54]在 YOLOv4 算法的基础上将空间金字塔池化(spatial pyramid pooling,SPP)模块进行多尺度融合,使目标特征在复杂背景下依然保持原有的特征信息;同时,对模型的损失函数进行优化,使目标检测模型针对目标特征的颜色和纹理方面的识别准确率得到提高。Song 等[55]提出了一种基于 YOLOv4 的高压线路异物入侵检测模型,通过在 YOLOv4 网络模型中添加 K 均值聚类和距离交并比—非最大抑制(distance intersection over union-non-maximum suppression,DIoU-NMS)方法,提高了输电线路异物检测的准确率。针对深度学习的目标检测模型研究都是有针对性地根据需求来改进的,而基于输电线路异物检测研究大多从小目标识别方向改进模型,如邹辉军等[56]提出融合注意力机制的双向特征-金字塔网络(BiFPN coord attention-YOLO,BCA-YOLO)网络针对小目标检测进行优化,首先将颈部中的跨阶段局部网络(cross stage partial 2,CSP2_X)替换为融合(coord attention,CA)注意力机制的跨阶段局部网络-融合注意力机制(cross stage partial-coord attention,CSP_CA),然后添加一层小目标检测层,最后将原网络中的特征金字塔网络(feature pyramid network,FPN)结构替换为计算量小的双向特征金字塔网络(Bi-directional feature pyramid Network,BiFPN),提高了检测图像中异物较小时的准确率。刘健在文献[57]中,通过实验将单阶段多目标检测器(single shot multiBox detector,SSD)算法与可变型的组件模型(deformable part model,DPM)算法和 Faster R-CNN 算法进行比较,在保证检测精度的同时能更好地满足实时性要求。因此,综合以上研究不难发现,基于深度学习的目标检测技术已经发展较为成熟。

1.2.4 烟支缺陷检测方法研究现状

1. 传统检测方法

目前,烟支空稀头缺陷检测仍然依赖人工操作,早期烟支空稀头缺陷检测方法也是通过人工进行的,但随着时间的推移,由于检测效率和准确度较低等问题,人工操作方法逐渐为其他更先进的检测方法所替代,如机械式、红外光电式、电容式等新的检测方法逐步应用到烟支空稀头缺陷检测中,从而显著改善了检测效果。

(1)机械式检测方法的主要原理是利用探针的回弹量判断烟支是否为空稀头烟支。邓天民等[58]设计了烟支空稀头检测器,当出现空稀头时,探针接触不到烟丝,传感器感应到有探针进入,电路输出低电平的剔除信号,将整包烟支进行剔除。机械式检测方法的缺点是,其易造成误检和漏检,不仅不能有效保证产品质量,还可能造成大量的废烟消耗。潘昱亭等[59]为解决机械探针式检测造成的误检和漏检问题,提出了基于视觉成像技术设计包装机模盒内烟支检测装置,其检测准确率不小于98%。但是,其机械设备的结构比较复杂,需要定期进行维护和清洁,增加了生产成本。机械设备本身在检测过程中可能会产生某些机械损伤,导致检测的准确性和稳定性逐渐下降。虽然机械式检测烟支空稀头在某些方面具有优越性,但其高昂的设备成本、复杂的组成结构、需要定期维护和清洁等特点限制了其在生产中的广泛应用。

(2)红外光电式检测法的原理是指利用红外光的辐射和反射特性检测物体的缺陷,其中一端向烟丝端面发射红外线,另一端接收烟丝端面反射后的红外线,接收后的信号经处理后发送给控制器判断。若有空稀头烟支,则发出信号后进行剔除;若没有空稀头烟支,则控制器继续运行。王法明[60]针对烟盒中烟支空稀头问题,提出采用红外传感器对烟支进行检测的方法。光电检测方式与红外光电检测方式原理相似,但在实际使用过程中,光线强度会逐渐衰减,进而影响检测结果。针对空稀头检测设备检测速度、精度低的问题,很多企业和学者提出了很多改进方法,如黄炜中[61]选择采用进阶精简指令集(advanced RISC machine,ARM)快速处理器。上述先进处理器的应用极大地提高了光电式检测设备的检测速度,而且很多产品在各个烟企中已经投入使用,如上海卷烟厂使用烟支检测系统[62]。另外,对于烟支空稀头的系统不能实时传递数据的问题,李健[63]为了解决系统存在封闭性的问题,利用个人计算机(personal computer,PC)的联网能力满足企业信息化的要求。

(3)电容式检测方法利用电容式传感器作为检测装置,原理依据的是电容的分散效应,若有空稀头烟支,烟头部分烟丝的密度小,则测出的电容值就小。该方法可以避免因光线强度和角度而引起的误差。董斌[64]根据电容式传感器原理设计了烟支空稀头检测系统,检测准确率较高。但是,电容式检测方法也存在如下不足:第一,被检测的烟支与检测设备的工作平面必须紧密贴合,否则距离变化可能导致产生误差;第二,电容式传感器的灵敏度会受到温度和湿度的影响,因此在不同温度和湿度环境下可能会出现误差,导致检测结果不精确;第三,电容式检测设备在长时间使用下,其设备必然会发生磨损,影响检测结果的准确率。

2. 基于图像处理的烟支缺陷检测方法

基于机器视觉的方法在卷烟行业得到了广泛运用,卢凡[65]通过分析不同光源以突出空稀头特征,采用数学形态学的开操作进行预处理,使空陷区域特征更加明显。吴晓飞[66]从空稀头烟支的特征点出发,对空稀头图像先进行形态学处理后,再对其进行二值化处理,根据二值化结果对每个烟支端面区域的像素值进行计数,超过所定的标准范围则为空稀头烟支。胡龙[67]通过分析阈值进行迭代比较,判断二值化图像是否为空稀头。上述方法有效地突出了空稀头烟支的阴影特征,不足之处在于烟丝填充的不规则性会对实际空稀头缺陷检测造成干扰。虽然机器视觉技术在一定程度上提高了检测的准确率,但关于空稀头烟支的图像处理算法还需进一步改进和完善。烟支空稀头的缺陷检测易受烟丝状态的影响,使其缺陷检测的难度增加,并且由于烟支空稀头与周围环境的复杂背景干扰,传统检测方法在准确性和鲁棒性方面存在一定的挑战。

近年来,基于深度学习的目标检测不断取得突破性进展,各界研究人员提出了一系列具有代表性的检测算法,并且这些算法被广泛应用于工业自动化、农业智能检测、医学影像分析等领域[68]。目标检测模型主要分为两类:双阶段目标检测模型和单阶段目标检测模型,其中双阶段目标检测模型将任务分为特征提取和特征分类两个阶段,并包括一些被广泛使用的算法,如 Fast R-CNN 算法[69]和 Faster R-CNN 算法等[69];单阶段目标检测模型则将问题转化为回归问题,通过一步完成目标检测任务,其包括 YOLO 系列和 SSD 等[70]。单阶段目标检测模型和双阶段目标检测模型在实际应用中有各自的优势和适用场景。目前,已有不少专家学者开始探索利用深度学习算法实现烟支外观缺陷检测。例如,王惠琴[71]引入轻量化模型对烟支图像进行端到端的检测,其检测精度和速度对比原始算法有所提升,但整体性能稍低,仍有进步空间。刘鸿瑜等[72]利用 YOLOv5s 模型进行烟支外观缺陷检测,他们在网络的骨干部分引入了通道注意力机制,并优化了激活函数和损失函数,从而提高了特征表达和分类性能,然而在检测速度方面仍有一定的提升空间。王端生[73]采用 YOLOv5 模型进行盒烟外观缺陷检测,该方法在检测准确率和速度上都达到工业检测要求,但仍需进一步增加盒烟外观缺陷样本数据,增强算法鲁棒性。彭勇[74]通过在 YOLOv5s 模型的主干网络中添加注意力机制和可变形卷积,更加精确地捕捉目标特征,提升了模型的精度,但其增加了模型的计算量和复杂度。张鹏飞等[75]利用 YOLOv5 模型和传统图像处理方法完成空稀头缺陷检测,即使在不同光照亮度环境下,也能够完成烟丝缺失区域检测,但精度仍有提升空间。丁怡等[76]利用传统视觉架构和深度学习算法实现烟支缺陷特征识别系统,作为最终工程导向。刘强和田秋生[77]引入深度学习算法、多模态数据融合及实时监测预警系统,实现更精确的烟支外观缺陷检测。刘建成[78]设计了一种基于改进 YOLOv4 模型的烟支外观缺陷检测方法，可以对较为清晰的图片进行准确检测，但在图像清晰度较差的情况下，检测精度依然较低。瞿睿[79] 提出了一种基于改进 SSD 的烟支外观瑕疵检测研究，改进后的缺陷检测网络模型虽然显著提高了各项指标，但增加了参数量和计算量，在网络的检测速度指标、实时性方面均有影响。李学敏等[80] 提出的烟支外观检测系统是基于级联卷积网络实现的，充分利用网络层之间的差异性和相关性，整体提高了系统的检测性能。

1.3　目标检测算法的鲁棒性研究

近年来，随着信息技术的发展，以深度学习为核心技术的人工智能已经广泛应用于声纹识别、人脸识别、无人驾驶汽车等领域，深度学习网络则是基于大量数据集的训练的，当数据集不足或者目标检测算法不鲁棒时，训练模型将无法正常完成检测任务，因此需要及时对检测算法进行鲁棒性评估，以保证其正常工作。目标检测算法的鲁棒性是人工智能系统中一个重要的评价指标，在目标检测算法鲁棒性评估领域内，国内外已经有许多相关的研究，首先把鲁棒性分为两种：一种是对抗鲁棒性，另一种是漂移鲁棒性，其中对抗鲁棒性是指一个模型是否能抵御对抗攻击，在一些具有敏感型领域，如医疗、金融等有较多应用；而漂移鲁棒性则是指模型在训练集和验证集有偏情况下的有效性，如在晴天条件下训练的输电线路巡检模型在极端天气下失效。

目标检测算法对抗鲁棒性的研究主要是对抗样本的生成方法研究，其中对抗样本是指通过指向性，在原始数据集中加入某些人视觉上不能感知到的细微干扰，造成该模型以高置信度误差输出的样本[81-82]。Fellow 等[83] 提出了快速梯度迭代法（fast gradient sign method，FGSM），是一种在白盒环境中通过求取模型的输入导数后，利用符号函数求出特定梯度方向，最后在输入图像中加入不同强度的扰动生成对抗样本的方法。

由于 FGSM 是一步迭代，其精度差，不能对产生对抗样本的噪声进行良好的控制，为此，Kurakin 等[84] 基于 FGSM 进行研究，采用多步迭代产生对抗样本的基本替代法（basic iterative method，BIM）以取得更高攻击成功率。Madry 等[85] 针对 FGSM，提出了一种投影梯度下降攻击（project gradient descent，PGD），这种方法属于迭代攻击的范畴，是现在比较厉害的一阶攻击，通过对算法中参数的选取和优化，可以在不降低收敛速度的前提下提高精度。FGSM 只是进行了大步迭代，并对 PGD 进行多次迭代，每一次迭代使扰动减小至指定范围，对非线性模型具有较好的性能。在进行对抗攻击时，通常采用约束扰动 L∞ 或者 L2 范数取值，使扰动不可感知，Papernot 等[86] 从攻击者目标与背景知识两方面构建了攻击模型，提出了一种限制 L0 范数的雅可比显著图攻击(Jacobian saliency map attack,JSMA)攻击方法。这种方法不需要干扰整幅图像,只需要改变某些像素值就能实现目标攻击,大幅提高攻击效率。

Deep Fool 算法[86]就是在超平面分类基础上提出的攻击,就二分类问题而言,超平面为达到分类提供了依据,则需要对某一个样本 x 进行分类更改,最小扰动是使 x 向超平面运动,该样本与超平面之间的距离为加入扰动后的最小值。这种方法比 FGSM 和 JSMA 得到的扰动更小。在此基础上,Moosavi-dezfooli 等[87]提出了一种极端的单像素对抗攻击方法(one pixel attack,OPA),这种方法无须已知任何模型参数和梯度信息,是一种黑盒攻击算法,其只需更改图像中某像素值即可达到对抗攻击的目的。

针对漂移鲁棒性的研究,叶宇[88]提出了自监督学习的方法,使算法在网络检测结果更稳定的同时解决了数据集掺杂不可靠数据的问题。之后,王志豪[89]对基于目标识别算法的对抗鲁棒性和不同场景下的鲁棒性展开研究,提出了一种半监督学习框架,该框架利用聚类生成标签自主学习,大幅减少了参与训练造成聚类标签的误差,其中简单重采样作为解决数据不平衡最为简单和便捷的方式已经在很多研究中得到运用。Cai 和 Vasconcelos 在文献[90]中已经研究了过采样和负采样对二分类任务的影响。

对于目标检测算法鲁棒性的研究,鲁棒性的评估指标一直是关键问题。李自拓等[91]针对对抗鲁棒性评估开展了大量研究,在了解了对抗样本的存在原因的基础上提出了对抗鲁棒性评估准则,为以后相关领域的学习者提供了一个较为全面、系统和客观的面向图像分类的对抗鲁棒性评估准则。苏记柱[92]提出了冲突上限和冲突下限两个鲁棒性评估指标,并详细设计了基于深度神经网络模型鲁棒性评估框架。李玮杰等[93]从深度学习模型的迁移机制和认知机理两个方面进行研究分析,得到了关于模型鲁棒性评估方面的相关结论,填补了现有研究的空白。纪守领等[94]分别从精确和相似的角度对深度学习模型鲁棒性问题进行了研究,提出了一系列的模型鲁棒性量化分析方法,为深度学习模型鲁棒性的研究提供了方向。

综合以上研究现状可知,目标检测算法鲁棒性研究较为冷门,并且大多研究数据来自实验模拟数据,缺乏真实场景下的数据应用及整合。针对上述问题,本书对输电线路异物检测模型两种鲁棒性,即对抗鲁棒性和漂移鲁棒性进行研究,并基于这两种鲁棒性的研究搭建了鲁棒性评估系统,将评估结果可视化展现出来,不仅能够切实提升巡检设备鲁棒性,还有利于真正做到提质、降本、增效,有效支撑新型电力系统建设。

1.4　主要研究内容

本书以深度学习框架为研究对象,以输电线路及典型设备、烟支空稀头检测等为应用对象,通过分析图像特征,有针对性地利用深度学习框架进行算法研究和应用。

针对航拍图像背景复杂难以准确完整提取电力线的问题,第 3 章提出了一种改进的 Deeplabv3＋输电线路电力线提取算法。首先,将原始主干网络替换为轻量级 Mobilenetv2 网络,增加低水平特征,获得五路输入特征,充分提取特征信息;其次,采用一种基于坐标注意力机制的语义嵌入分支模块融合第二、三路特征,增强目标特征表示;再次,添加空洞空间金字塔池化(atrous spatial pyramid pooling, ASPP)的卷积分支数量,调整空洞率,并在空洞卷积后加入 1×1 卷积加快计算速度,提高图像的特征抓取能力;最后,引入卷积注意力模块使模型抑制无用特征的传递,增强网络表征能力,改进后的算法能够更精准地完成电力线提取任务。

针对绝缘子尺度不一和复杂背景干扰影响绝缘子目标识别精度的问题,第 4 章提出了一种基于改进的 YOLOv7 输电线路绝缘子识别算法。首先,添加轻量化的高效通道注意力模块提高网络的特征提取能力,降低干扰信息的影响,改善复杂环境下目标的错检漏检问题;其次,使用轻量级的通用上采样算子模块作为上采样算子,精准定位轮廓的同时更好地保留图片的语义信息,使上采样过程更加全面高效;再次,引入双向特征金字塔,跨尺度融合不同层特征值,改善因下采样造成的细节特征丢失、特征融合不充分问题;最后,利用 K-均值算法对预选框进行聚类,得到合适的绝缘子预选框大小,提高检测精度。实验结果表明,改进的 YOLOv7 算法能够有效识别绝缘子图像,减少错检漏检现象的发生。

针对输电线路异物检测数据集中目标物体小而特征不明显的问题,第 5 章设计了基于改进的 YOLOv5 输电线路异物检测算法。将 CSP-Darknet 主干网络替换成轻量级的 Mobilenetv2 网络,减少训练网络的计算量,提高检测速度。同时,在算法框架中融入 SENet 注意模型,并增加新的适用于小目标的检测尺度,提升输电线路异物图形中目标区域的显著度。实验结果表明,针对于输电线路异物的检测,改进的 YOLOv5 算法的平均精度均值(mean average precision, mAP)高于原算法。

针对输电线路异物检测算法出现的检测失效问题,第 6 章分别对输电线路异物检测算法的对抗鲁棒性和数据漂移鲁棒性展开详细的基础理论分析。使用高效的投影梯度下降攻击算法对训练好的输电线路异物检测模型进行攻击生成对抗样本,之后使用攻击后的样本预测模型。同时,采用基于多尺度特征融合的自监督学习方法对输电线路异物数据集进行迁移学习,得到鲁棒的训练样本。最后,通过鲁棒性能评价指标对实验结果进行分析,实验结果表明,基于改进的 YOLOv5 输电线路异物检测算法是鲁棒的。

针对烟支空稀头的缺陷检测存在精度较低、漏检率和误检率偏高的情况,第 7 章提出了一种基于双向 CGhost-YOLOv5s 算法。通过在颈部网络和输出端之间引入卷积注意力机制,强调空稀头缺陷特征的提取;同时,对颈部网络采用加权双向特征金字塔结构,提高模型的特征融合能力;加入轻量化模块,降低模型计算复杂度。实验结果表明,基于双向 CGhost-YOLOv5s 算法能够有效检测出烟支空稀头缺陷,准确率提升 2.1%,模型参数仅 5.35M,检测速度达到 41f/s(帧/秒),适合于对实时性要求较高的场景,可为后续空稀头缺陷检测提供技术支持。虽然改进后的 YOLOv5s 算法虽然满足实时性需求,但在空稀头缺陷检测的精度方面仍有提升空间。为了进一步提高检测精度,第 7 章提出一种基于全维注意力机制的 Re-YOLOv7 算法。采用全维动态卷积代替部分传统卷积,加强维度间的相互作用,提高检测模型的性能;在主干网络和输出端添加自注意力和卷积混合模块,使模型获得更丰富的特征信息;使用重参数化网络模块替换输出端中最大池化模块的 3×3 卷积,减少模型推理时间。实验结果表明,与原始算法相比,基于全维注意力机制的 Re-YOLOv7 算法的准确率提高 6.6%,mAP 提高 5.1%,漏检、误检情况得到明显改善,具有良好的检测效果。

同时利用 PyQt5 对上述算法进行系统实现,开发了包括展示模块、算法选择模块、过程控制模块、统计模块、计时模块和运行日志模块的烟支空稀头缺陷检测管理系统。

针对目前公场所抽烟监测大多采用红外、测温等技术,存在监测精度低、时效性差的问题。第 9 章对 YOLOv7-tiny 算法进行改进提出了基于 SGEN-YOLOv7-tiny 的吸烟人员实时检测算法。首先,在 EMA 注意力机制的基础上进行改进,提出了增强多头自注意力机制(enhance the multi-head self-attention mechanism, EMSA),保留待检测目标更多关键特征,使网络关注到更多小目标,提高检测精度;其次,在特征融合部分融合 GSConv 与 Slim Neck 的思想对 Gather-and-Distribute(GD)机制进行改进,收集和融合来自所有层次的信息,并将其分布到不同层次,增强颈部的部分信息融合能力,提升深度卷积神经网络的性能,同时降低计算和网络结构的复杂性;最后,采用更适合测量小目标的损失函数 NWD 计算损失。实验结果表明,SGEN-YOLOv7-tiny 算法的准确率(P)和召回率(R)分别提升了 2.27% 和 4.25%,mAP@0.5 和 mAP@5.95 分别提升了 2.83% 和 3.6%,有效提高了算法的检测精度,实现了更加实时、准确的吸烟检测需求,同时为在边缘终端设备部署提供了可行性。

参考文献

[1] 叶春泉.基于图像处理的输电线识别及杆塔检测技术研究[D].杭州:中国计量大学,2020.

[2] 韦圣贤.面向无人机巡检场景图像的电力目标识别研究[D].南宁:广西大学,2022.

[3] 张恒.基于卷积神经网络的无人机图像电力线检测[D].武汉:武汉大学,2020.

[4] GUNDUZ M Z,DAS R. Cyber-security on smart grid:threats and potential solutions[J]. Computer networks,2020,169:107094.

[5] ALHASSAN A B,ZHANG X,SHEN H,et al. Power transmission line inspection robots:a review,trends and challenges for future research[J]. International journal of electrical power & energy systems,2020,118:105862.

[6] LUO Y H,YU X,YANG D S,et al. A survey of intelligent transmission line inspection based on unmanned aerial vehicle[J]. Artificial intelligence review,2023,56(1):173-201.

[7] 刘志颖,缪希仁,陈静,等.电力架空线路巡检可见光图像智能处理研究综述[J].电网技术,2020,44(3):1057-1069.

[8] 宋立业,王诗翱,刘昕明,等.基于改进 SinGAN 的电力线巡检异物数据增强技术[J].电子测量与仪器学报,2021,35(1):165-173.

[9] 郭志勇.基于电力视觉的输电线路部件检测算法研究[D].西安:长安大学,2023.

[10] 赵浩程,雷俊峰,王先培,等.背景复杂下航拍图像的电力线识别算法[J].测绘通报,2019(7):28-32.

[11] 陈杰,安之焕,唐占元,等.基于改进 YOLOv4 模型的无人机巡检图像杆塔缺陷检测方法研究[J].电测与仪表,2023,60(10):155-160.

[12] 宋震林.图像处理技术在无人机电力线巡检中的应用研究[D].南京:南京理工大学,2021.

[13] ZENGIN A T,ERDEMIR G,AKINCI T C,et al. Measurement of power line sagging using sensor data of a power line inspection robot[J]. IEEE access,2020,8:99198-99204.

[14] BAHRAMI M R,ABED S A. Mechanical challenges of electrical transmission lines inspection robot[J]. IOP conference series:materials science and engineering,2020,709(2):022099.

[15] CHEN D Q,GUO X H,HUANG P,et al. Safety distance analysis of 500kV transmission line tower UAV patrol inspection[J]. IEEE letters on electromagnetic compatibility practice and applications,2020,2(4):124-128.

[16] QI Y,MU S L,WANG L L,et al. Intelligent recognition of transmission line inspection image based on deep learning[J]. Journal of physics:conference series,2021,1757(1):012056.

[17] YIN L,HU J,WANG W B,et al. Parameters optimization of UAV for insulator inspection on power transmission line[J]. IEEE access,2022,10:97022-97029.

[18] 邢文忠,陈晓彬,谢玉卫,等.基于多旋翼无人机和激光的输电线路异物清除装置的研究[J].电工技术,2018(6):32-34.

[19] 唐翔翔,沈薇,朱明,等.基于改进 YOLOv4 的输电线路异物检测算法[J].安徽大学学报（自然科学版）,2021,45(5)：58-63.

[20] 李岩,李丹,李建,等.基于机器视觉的电力设备监测系统的研究[J].中小企业管理与科技（中旬刊）,2021(11)：194-196.

[21] 黄巨挺,高宏力,戴志坤.基于编码解码结构的移动端电力线语义分割方法[J].计算机应用,2021,41(10)：2952-2958.

[22] CANDAMO J,KASTURI R,GOLDGOF D,et al. Detection of thin lines using low-quality video from low-altitude aircraft in urban settings[J]. IEEE transactions on aerospace and electronic systems,2009,45(3)：937-949.

[23] BAKER L,MILLS S,LANGLOTZ T,et al. Power line detection using hough transform and line tracing techniques[C]. 2016 International Conference on Image and Vision Computing New Zealand (IVCNZ),Palmerston North,2016：1-6.

[24] 张从新,赵乐,王先培.复杂地物背景下电力线的快速提取算法[J].武汉大学学报（工学版）,2018,51(8)：732-739.

[25] 陈建,沈潇军,姚一杨,等.基于航拍图像的输电线检测方法[J].计算机工程与设计,2018,39(4)：1155-1160.

[26] ABDELFATTAH R,WANG X F,WANG S. Plgan：generative adversarial networks for power-line segmentation in aerial images[J]. IEEE transactions on image processing,2023,32：6248-6259.

[27] CHOI H,YUN J P,KIM B J,et al. Attention-based multimodal image feature fusion module for transmission line detection[J]. IEEE transactions on industrial informatics,2022,18(11)：7686-7695.

[28] JAFFARI R,HASHMANI M A,REYESALDASORO C C. A novel focal phi loss for power line segmentation with auxiliary classifier u-net[J]. Sensors,2021,21(8)：2803.

[29] YANG L,FAN J F,XU S,et al. Vision-based power line segmentation with an attention fusion network[J]. IEEE sensors journal,2022,22(8)：8196-8205.

[30] ZHANG H,YANG W,YU H,et al. Detecting power lines in UAV images with convolutional features and structured constraints[J]. Remote sensing,2019,11(11)：1342.

[31] 刘嘉玮,李元祥,龚政,等.全卷积网络电线识别方法[J].中国图象图形学报,2020,25(5)：956-966.

[32] 许刚,李果.轻量化航拍图像电力线语义分割[J].中国图象图形学报,2021,26(11)：2605-2618.

[33] 杨杰.基于计算机视觉的变配电所配电线路巡检系统的设计与实现[D].成都：西南交通大学,2020.

[34] IRUANSI U,TAPAMO J R,DAVIDSON I E. An active contour approach to insulator segmentation[C]. Africon 2015,Addis Ababa,2015：1-5.

[35] OBERWEGER M,WENDEL A,BISCHOF H. Visual recognition and fault detection for power line insulators[J]. Proceeding of 19th computer vision winter workshop,Krtiny,2014：1-8.

[36] 彭向阳,梁福逊,钱金菊,等.基于机载红外影像纹理特征的输电线路绝缘子自动定位

[J].高电压技术,2019,45(3):922-928.

[37] 朱文天,胡立坤,王帅军.改进色差法的绝缘子图像分割方法[J].广西大学学报(自然科学版),2019,44(5):1276-1283.

[38] 皮俊,邹怡.基于图像处理的输电线路绝缘子缺陷检测[J].电气开关,2020,58(6):62-64.

[39] 赖秋频,杨军,谭本东,等.基于 YOLOv2 网络的绝缘子自动识别与缺陷诊断模型[J].中国电力,2019,52(7):31-39.

[40] 石孟曦,张文红,张磊,等.基于 LSD 和改进 YOLOv2 的压力表识读方法[J].计算机仿真,2023,40(5):284-288.

[41] ADOU M W,XU H,CHEN G. Insulator faults detection based on deep learning[C]. 2019 IEEE 13th International Conference on Anti-counterfeiting,Security,and Identification (ASID),Xiamen,2019:173-177.

[42] 赵文清,程幸福,赵振兵,等.注意力机制和 Faster R-CNN 相结合的绝缘子识别[J].智能系统学报,2020,15(1):92-98.

[43] 王伯涛,周福强,吴国新,等.基于改进 YOLOv7 的输电线路绝缘子识别检测研究[J].电子测量技术,2023,46(23):127-134.

[44] CITRONI R,PAOLO F D, LIVRERI P. A novel energy harvester for powering small UAVs:performance analysis, model validation and flight results[J]. Sensors, 2019, 19(8):1771.

[45] 雷华迪.基于级联结构改进的多感受野分支网络目标检测算法研究[D].武汉:武汉科技大学,2020.

[46] 吴东东.基于深度学习的自然场景下多人脸检测与识别[D].太原:山西大学,2020.

[47] 邹梓龙.基于无人机航拍图像的输电线提取与异物检测方法研究[D].抚州:东华理工大学,2022.

[48] SONG Z L,XIN S O,GUI X Y,et al. Power line recognition and foreign objects detection based on image processing[C]. 2021 33rd Chinese Control and Decision Conference (CCDC),Kunming,2021:6689-6693.

[49] 赵晓鹏,郭威.无人机图像的输电线异物检测方法研究[J].太原科技大学学报,2021,42(2):104-108.

[50] 王海洋.基于图像处理技术的输电线路异物检测研究[D].吉林:东北电力大学,2017.

[51] 钱世豪.基于图像处理的输电线路异物检测技术研究与电力巡线管理系统设计[D].南京:南京理工大学,2019.

[52] 王万岛,张晶晶,韩军,等.基于无人机图像的输电线断股与异物缺陷检测方法[J].计算机应用,2015,35(8):2404-2408.

[53] 朱胜龙,李宾宾,张晨晨,等.隔离断路器金具自动化解接机器人视觉引导定位方法研究[J].高压电器,2020,56(7):205-211.

[54] 唐翔翔.基于改进 YOLOv4 的输电线路异物检测系统设计与实现[D].合肥:安徽大学,2021.

[55] SONG Y H,ZHOU Z Z,LI Q,et al. Intrusion detection of foreign objects in high-voltage lines based on YOLOv4[C]. 2021 6th International Conference on Intelligent Computing

and Signal Processing（ICSP），Xi'an，2021：1295-1300.

[56] 邹辉军,焦良葆,张智坚,等.面向输电线路小目标异物检测的改进 YOLO 网络[J].南京工程学院学报（自然科学版）,2022,20(3)：7-14.

[57] 刘健.基于 YOLOX 的输电线路异物检测算法研究及软件设计[D].北京：中国矿业大学,2022.

[58] 邓天民,王春霞,刘金凤,等.结合注意力机制的 YOLOv5 红绿灯检测算法[J].重庆理工大学学报（自然科学）,2023,37(4)：166-173.

[59] 潘昱亭,蔡培良,张晶,等.基于视觉成像技术的高速包装机模盒内烟支检测的研究[J].包装工程,2023,44(5)：188-195.

[60] 王法明.一种光电式烟支检测系统的设计[J].仪器仪表用户,2008,15(4)：43-44.

[61] 黄炜中.基于 ARM 的烟支在线检测系统设计[D].广州：华南理工大学,2010.

[62] 李元洋.ECOS 烟支检测系统在 YB45/25 型包装机中的应用[J].机械工程师,2012,249(3)：35-38.

[63] 李健.基于 RTX 烟支质量在线检测系统的设计应用[J].烟草科技,2010,281(12)：25-28.

[64] 董斌.基于电容式传感器的烟支空头检测系统设计[D].西安：西安电子科技大学,2011.

[65] 卢凡.基于机器视觉的包装机空头烟支检测技术研究[J].轻工机械,2010,28(2)：65-67.

[66] 吴晓飞.基于机器视觉的烟支在线检测系统的研究[D].南京：南京财经大学,2011.

[67] 胡龙.基于机器视觉的烟支缺陷自动检测技术研究[D].长沙：湖南大学,2016.

[68] GIRSHICK R. Fast R-CNN[C]. 2015 IEEE International Conference on Computer Vision（ICCV），Santiago，2015：1440-1448.

[69] REN S，HE K，GIRSHICK R，et al. Faster R-CNN：towards real-time object detection with region proposal networks[J]. IEEE transactions on pattern analysis and machine intelligence，2017，39(6)：1137-1149.

[70] LIU W，DRAGOMIR A，DUMITRU E，et al. SSD：single shot multibox detector[J]. Computer Vision-ECCV 2016，Amsterdam，2016：21-37.

[71] 王惠琴.基于深度学习的烟支缺陷目标检测[D].沈阳：沈阳化工大学,2022.

[72] 刘鸿瑜,袁国武.基于改进 YOLOv5s 的烟支外观缺陷检测方法[J].计算机技术与发展,2022,32(8)：161-167.

[73] 王端生.基于深度学习的盒烟外观缺陷检测方法及应用[D].昆明：昆明理工大学,2022.

[74] 彭勇.基于改进 YOLO 深度学习模型的烟支外观质量检测[D].昆明：云南财经大学,2023.

[75] 张鹏飞,陈姣文,郭洪滨,等.雪茄烟烟支外观质量检测方法[J].烟草科技,2024,57(1)：91-97.

[76] 丁怡,付威,靳毅,等.基于视觉深度学习的烟支缺陷特征识别系统设计[J].数字技术与应用,2023,41(9)：174-176.

[77] 刘强,田秋生.基于 AI 的烟支外观缺陷检测模型设计[J].今日制造与升级,2023(10)：69-71.

[78] 刘建成.基于深度学习的烟支外观缺陷检测及分类[D].昆明：云南大学,2022.

[79] 瞿睿.基于改进 SSD 的烟支外观瑕疵检测研究[D].昆明：云南大学,2022.

[80] 李学敏,谢光桥,黄卓,等.基于级联卷积网络的烟支外观检测系统[J].计算机应用,2023,43(增刊1):346-350.

[81] WANG B X,WU R Z,ZHENG Z,et al. Study on the method of transmission line foreign body detection based on deep learning[C]. 2017 IEEE Conference on Energy Internet and Energy System Integration (EI2),Beijing,2017:1-5.

[82] 黄伟.基于深度学习的对抗样本生成方法研究[D].南京:南京邮电大学,2022.

[83] GOODFELLOW I J,SHLENS J,SZEGEDY C. Explaining and harnessing adversarial examples[EB/OL]. (2014-12-19)[2015-03-20]. https://arxiv.org/pdf/1412.6572.

[84] KURAKIN A,GOODFELLOW I,BENGIO S. Adversarial examples in the physical world [EB/OL]. (2016-06-08)[2017-02-11]. https://arxiv.org/pdf/1607.02533.

[85] MADRY A,MAKELOV A,SCHMIDT L,et al. Towards deep learning models resistant to adversarial attacks [EB/OL]. (2017-07-19)[2019-09-04]. http://arxiv.org/abs/1706.06083.

[86] PAPERNOT N,DANIEL P,JHA S,et al. The limitations of deep learning in adversarial settings[C]. 2016 IEEE European Symposium on Security and Privacy (Euro S&P), Saarbruecken,2016:372-387.

[87] MOOSAVI-DEZFOOLI S,FAWZI A,FROSSARD P. Deepfool:a simple and accurate method to fool deep neural networks [C]. Proceedings of the IEEE Conference on Computer Vision and Pattern Recognition,Las Vegas,2016:2574-2582.

[88] 叶宇.鲁棒性异常检测研究与可解释性学习[D].成都:电子科技大学,2022.

[89] 王志豪.基于深度学习的行人再识别鲁棒性研究[D].北京:北京邮电大学,2019.

[90] CAI Z W,VASCONCELOS N. Cascade R-CNN:delving into high quality object detection [C]. 2018 IEEE/CVF Conference on Computer Vision and Pattern Recognition,Salt Lake City,2018:6154-6162.

[91] 李自拓,孙建彬,杨克巍,等.面向图像分类的对抗鲁棒性评估综述[J].计算机研究与发展,2022,59(10):2164-2189.

[92] 苏记柱.基于预测不确定性的卷积神经网络模型鲁棒性评估[D].北京:北京交通大学,2021.

[93] 李玮杰,杨威,刘永祥,等.雷达图像深度学习模型的可解释性研究与探索[J].中国科学:信息科学,2022,52(6):1114-1134.

[94] 纪守领,杜天宇,邓水光,等.深度学习模型鲁棒性研究综述[J].计算机学报,2022,45(1):190-206.

第 2 章

基于深度学习的目标检测相关理论

2.1 卷积神经网络

卷积神经网络是由一系列的卷积计算组成并表现出多层次性特点的网络,通常在处理图像识别、计算机视觉和语音识别等任务时具有优越的表现。卷积神经网络是神经网络的一种扩展形式,其主要特点是参数共享和局部感知。参数共享是指卷积核在整个输入图像上重复使用,从而减少参数量,提高模型的效率和泛化能力;局部感知是指卷积操作可以捕获输入数据中的局部特征,对于平移、旋转等变换具有一定的不变性。卷积神经网络通过参数共享和局部感知的方式不仅减少了参数量,而且具有更好的特征提取能力。下面对神经网络和卷积神经网络进行详细介绍。

2.1.1 神经网络

在学习卷积神经网络前,首先要理解神经网络的基本概念,其中神经元是构成神经网络的基本单位。神经元之间的连接形成神经网络结构,可以学习和提取数据中的特征,实现各种复杂任务的处理和预测。神经元的激活过程可以描述如下:神经元首先接收来自其他神经元或外部环境的输入信号;其次将每个输入信号与相应的连接权重相乘,形成加权的输入信号;最后对所有加权后的信号进行求和,生成一个总和信号,待总和信号经过激活函数的处理后,神经元根据总和信号的大小决定是否被激活并输出相应的信号。神经元示意图如图 2-1 所示。

在神经网络中,每个神经元都将输入信号并进行加权求和,最后经过非线性函数进行运算,得到最终的输出结果。神经元计算公式为

$$y = \sigma\left(\sum_{i=1}^{n} x_i \omega_i + b\right) \tag{2-1}$$

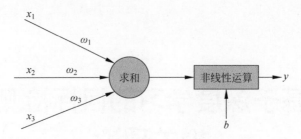

x_i—第 i 个神经元的输入信号；ω_i—x_i 对应的连接权重；b—偏置项，
用于调整神经元的激活阈值；y—神经元的输出。

图 2-1　神经元示意图

式中，n 表示神经元输入个数；$\sigma(\ )$ 为非线性激活函数。

　　神经网络是一种模仿人类大脑神经元网络结构设计的计算模型，通常由许多神经元或节点组成，每个神经元都相互连接，并且每个连接都有相应的权重。神经网络分为 3 个层次，分别为输入层、隐藏层和输出层，其中输入层上的神经元接收各种不同的输入信号并传输给隐藏层；隐藏层连接输入层与输出层，主要用于提取特征，隐藏层的节点会获取输入层的信号，然后根据连接权重进行计算，计算结果再经过一个非线性转换后，作为信号传递到下一层；输出层调整隐藏层形成的权重和偏置，然后输出计算结果。神经网络模型结构图如图 2-2 所示。

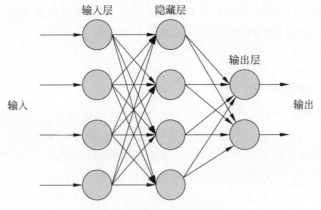

图 2-2　神经网络模型结构图

2.1.2　卷积神经网络原理

　　卷积神经网络是深度学习领域的核心技术之一，主要通过卷积操作提取图像特征[1]。卷积神经网络分别由输入层、卷积层、池化层、全连接层和输出层依次连接所构成,其能够有效地学习和提取输入数据的特征,并做出预测或分类。卷积神经网络的基本结构图如图 2-3 所示。

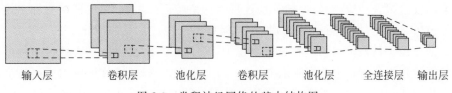

输入层　　　卷积层　　　池化层　　　卷积层　　　池化层　　全连接层　输出层

图 2-3　卷积神经网络的基本结构图

（请扫Ⅱ页二维码看彩图）

1. 输入层

卷积神经网络中输入层的作用通常是对输入数据进行初始化的,如去均值、归一化等操作。

2. 卷积层

卷积层由多个卷积核构成,这些卷积核中包含权重值和偏移量,卷积核以一定的步长遍历输入图像后,生成输出矩阵。卷积层主要由内核大小、步幅长度和填充组成。在卷积神经网络中,卷积层一般用于特征提取,通常位于前面的卷积层用于提取较为基础的特征。随着层数的逐步增加,卷积神经网络能够从这些基础的特征中提取到更复杂的特征。卷积计算过程如图 2-4 所示。

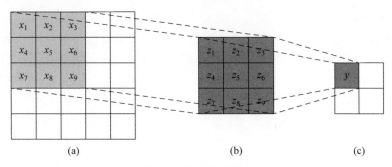

(a)　　　　　　　　　　(b)　　　　　　　　(c)

图 2-4　卷积计算过程

（a）输入特征图；（b）卷积核；（c）输出特征图

如图 2-4 所示,输入矩阵尺寸为 5×5,数值分别为 $x_1, x_2, \cdots, x_9$;卷积核尺寸为 3×3,输入对应的权重分别为 $z_1, z_2, \cdots, z_9$,在进行卷积运算时,卷积核以步长为 1 在输入矩阵上滑动,对应位置上的元素相乘并求和,得到 y 值,其对应的计算公式为

$$y = x_1 \times z_1 + x_2 \times z_2 + \cdots + x_9 \times z_9 = \sum_{i=1}^{9} x_i \times z_i \tag{2-2}$$

3. 池化层

池化层是对特征图中的特征进行选择的,降低特征的数量,减少参数量,避免模型出现过拟合现象。另外,池化层还可以保留特征的主要信息,即使目标出现在不同位置,也能保持对目标的识别能力,保持不变性。常见的池化方法分为两种:最大池化和平均池化,其中,在最大池化中,对于每个池化区域,选择该区域内的最大特征值作为代表;在平均池化中,对于每个池化区域,计算该区域内所有特征值的平均值作为代表。最大池化和平均池化的计算示意图如图2-5所示。

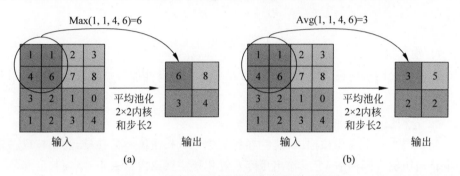

图 2-5 最大池化和平均池化的计算示意图
(a) 最大池化;(b) 平均池化
(请扫Ⅱ页二维码看彩图)

4. 全连接层

全连接层一般位于网络中的最后几层,其每一个节点都与前一层的所有节点相连,可以进行高效的特征融合和分类决策。全连接层将卷积层和池化层提取的多维特征图转化为单独的一维向量,每一个神经元上与向量中的每一个元素进行连接,通过神经元之间的全连接实现特征的非线性组合和最终的预测。由于全连接层全部相连,在整个网络的训练中需要消耗较多的参数和计算资源。全连接层结构示意图如图2-6所示。

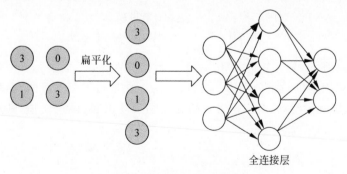

全连接层

图 2-6 全连接层结构示意图

5. 输出层

输出层位于卷积神经网络的最后一层,用于输出模型结果。输出层通常取决于具体的任务类型,在分类任务中采用 Softmax 函数作为激活函数,将模型的原始输出转化为实际的概率分布,每一个节点对应一种分类的概率,最高概率的分类就是模型的预测结果。在回归任务中,输出层可能会输出一个值或者一个值的范围。无论是哪种任务类型,输出层都是卷积神经网络中的一个重要环节,其整合并利用前面各层处理的信息,输出最终所需要的结果。

2.1.3　卷积神经网络的训练过程

卷积神经网络在训练过程中,其核心步骤是前向传播和反向传播,其中前向传播是指将输入数据通过网络的每一层传递,经过卷积运算、激活函数、池化等操作,最终输出的过程;反向传播是指在网络输出结果与所提取样本的目标值比较得到损失函数,通过损失函数计算偏量,并更新权值的过程。卷积神经网络的训练过程如图 2-7 所示。

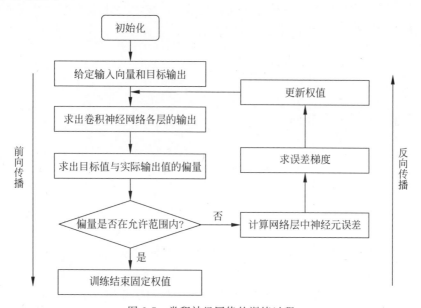

图 2-7　卷积神经网络的训练过程

2.2　目标检测算法

目标检测是计算机视觉中的一个重要领域,旨在识别图像或视频中特定物体的存在并确定其位置。本节主要介绍传统目标检测算法和基于深度学习的目标检测算法,传统目标检测算法在面对复杂场景、大规模数据集时存在一定局限性,难以满足现代计算机视觉应用对高性能和泛化能力的要求。因此,本节将深度学习方法应用于空稀头缺陷检测,调研学习相关理论和技术,为接下来的工作提供理论和技术支持。

2.2.1　双阶段目标检测算法

双阶段目标检测算法的检测原理是,首先,利用区域建议网络等算法生成一系列预选框;其次,利用全连接层对每个候选框进行目标分类,判断其是否包含感兴趣的目标物体,并进行目标分类和位置回归操作;最后,通过阈值筛选或非极大值抑制(non-maximum suppression,NMS)等技术来获得最终的目标检测结果。双阶段目标检测算法中具有代表性的算法有 R-CNN、Fast R-CNN、Faster R-CNN等。R-CNN 算法是 Girshick 等于 2014 年提出的,该算法使用选择性搜索(selective search,SS)算法生成候选框,并将每个候选框独立地输入卷积神经网络进行特征提取和目标分类。R-CNN 算法的主要问题是速度较慢,因为其需要对每个候选框进行单独的前向传播,计算量较大。R-CNN 结构图如图 2-8 所示。

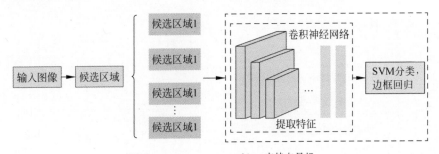

SVM—support vector machine,支持向量机

图 2-8　R-CNN 结构图

为了解决 R-CNN 中重复计算和内存占用较大的问题,这里引入了 Fast R-CNN。Fast R-CNN 通过引入感兴趣区域池化(region of interest pooling,ROI)层避免重复计算特征提取,并且将整个目标检测过程整合到一个网络中,从而提高了计算效率和内存利用率。Fast R-CNN 结构图如图 2-9 所示。Fast R-CNN 通过将整个图像输入卷积神经网络中,提取出共享的特征图,然后使用 SS 算法生成候选框,并利用 ROI 操作从特征图中提取每个候选框的固定长度特征向量,最后将这些特征向量输入全连接层进行目标分类和位置回归。共享卷积特征的计算使 Fast R-CNN 相较于传统的 R-CNN 在速度和性能上都有了显著的提升。

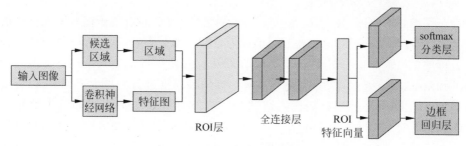

图 2-9　Fast R-CNN 结构图

（请扫Ⅱ页二维码看彩图）

由文献[1]可知，经过 R-CNN 和 Fast R-CNN 的积淀，Girshick 等于 2015 年提出 Faster R-CNN，因为 R-CNN 和 Fast R-CNN 采用的 SS 算法在实际应用中非常耗时，Faster R-CNN 引入了区域提议网络（region proposal network，RPN），通过在特征图上滑动窗口生成候选框，其中 RPN 使用锚框（anchor boxes）预测候选框的位置及是否包含目标，并根据预测结果筛选出具有高置信度的候选框，然后选取这些候选框并将其与特征图进行 ROI 操作，输入全连接层中，进行目标分类和位置回归。相比之前的双阶段目标检测算法，Faster R-CNN 可以同时进行物体检测和候选框生成，从而提高了检测速度和准确率，降低了网络的冗余，不仅能够让目标适应在不同的场景，还进一步提升了准确率。Faster R-CNN 结构图如图 2-10 所示。

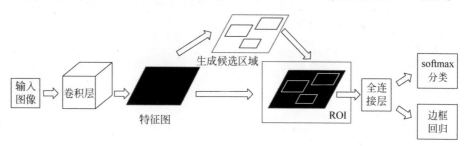

图 2-10　Faster R-CNN 结构图

（请扫Ⅱ页二维码看彩图）

2.2.2　单阶段目标检测算法

单阶段目标检测算法又称为基于回归的目标检测算法，与双阶段检测算法的区别是，其不直接生成感兴趣区域，而把目标检测作为对整幅图像的回归，训练过程相对简单。由第 1 章的文献[70]可知，Liu 等于 2016 年提出单次多边框检测器（single shot multibox detector，SSD）算法，主干网络选用典型的卷积神经网络，如视觉几何组（visual geometry group，VGG）、ResNet 等。SSD 算法采用典型的卷积神经网络,如 VGG、ResNet 等作为主干网络,其主干网络用于提取输入图像的特征,并通过多层卷积和池化操作逐渐降低特征图的分辨率,从而在不同层级上捕获目标的多尺度信息。在预测阶段,SSD 算法首先使用置信度阈值过滤掉低置信度的预测框,去除误检;然后对剩余高置信度的预测框进行非极大值抑制,以合并重叠的预测框,最终得到目标检测结果[3]。在分类和回归阶段,SSD 算法直接使用小卷积核对主干网络提取的各个特征图进行预测,在保持高分辨率的同时有效地进行目标分类和位置回归。SSD 网络结构图如图 2-11 所示。

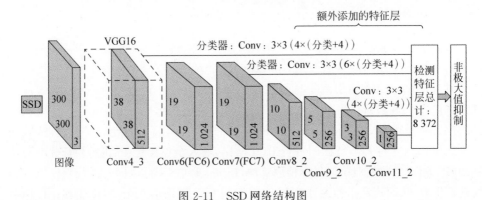

图 2-11　SSD 网络结构图

自成立以来,YOLO 系列经历了多次迭代,每次都是在以前的版本基础上解决局限性后提高性能,发展过程如图 2-12 所示,具体如下。

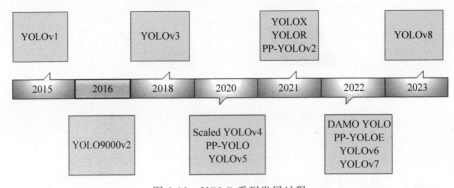

图 2-12　YOLO 系列发展过程

(1) YOLOv1 是 YOLO 算法的原始版本,使用全连接层将特征映射转换为预测结果,同时使用多尺度特征图检测不同大小的目标,YOLOv1 相对较快且易于实现,但在小目标和密集目标的检测方面表现不佳。

(2) YOLOv2(YOLO9000)于 2016 年发布[2],该算法使用 Darknet-19 作为特征提取网络,并使用 K 均值聚类算法结合训练集生成更适合的锚框,对每层网络加入归一化操作,加速了网络的收敛速度,同时采用多尺度训练和测试提高检测性能。YOLOv2 使用 Sigmoid 作为激活函数,其存在的问题是每个网格只能预测一个类别。

（3）YOLOv3 于 2018 年发布[3],该算法使用 Darknet-53 作为主干网络,由于 Darknet-53 网络结构更深且更宽,使网络提取到更深层次的特征时需要更多的计算资源。YOLOv2 中使用 Softmax 进行分类,每个网格只能预测一个类别;而 YOLOv3 使用逻辑回归代替 Softmax 对目标进行分类,解决了每个网格只能预测一个类别的限制性问题,这使 YOLOv3 在多类别目标检测任务中表现更为出色。

（4）YOLOv4 由 Bochkovskiy 等于 2020 年发布[4],是在 YOLOv3 的基础上进行一系列改进的。YOLOv4 使用 CSPDarknet53 作为特征提取骨干网络,CSPDarknet53 是由 YOLOv3 使用的 Darknet53 和跨阶段部分（cross stage partial,CSP）结构结合所得到的。此外,YOLOv4 引入了空间金字塔池化（spatial pyramid pooling,SPP）思想,扩大感受野的同时使输入特征不受尺寸限制,颈部网络采用路径聚合网络（path aggregation network,PANet）增强传入检测层的特征图,融合了更强大的语义信息和位置信息,不仅使其能够更准确地定位和识别目标,还提升了检测性能和效果。

（5）YOLOv5 由 Ultralytics 于 2020 年发布[5],该算法做出的一些改进具体如下:增加 Focus 结构、自适应锚定框、马赛克处理等。YOLOv5 使用自适应计算的策略,不仅可以根据目标密度和大小动态调整网络结构和计算量,还提供了多种不同的模型大小,如 YOLOv5s、YOLOv5m、YOLOv5l 和 YOLOv5x 供选择。

（6）YOLOv6 于 2022 年由美团视觉人工智能部发布[6],该算法的主干网络采用 EfficientRep,比以前的 CSPDarknet 骨架并行性更高,颈部网络则是基于 Rep 和 PAN 搭建的 Rep-PAN,头部网络改进了解耦检测头结构,不仅加快了收敛的速度,还降低了检测头部网络的复杂程度。同时,YOLOv6 引入了新的边框回归损失——简单交并比（simplified intersection over union,SIoU）,进一步提升回归精度。

（7）YOLOv7 是由 Bochkovskiy 等[7] 所提出的,该算法改进了常用的 CSPDarknet-53 网络,采用卷积批量归一化 SiLU 激活函数（conv batch normalization SiLU,CBS）模块、增强型高效层聚合网络（efficient long-range aggregation network,ELAN）模块和最大池化（max pooling one,MP1）模块组成的主干网络进行下采样与特征提取,并采用结合跨阶段部分卷积的空间金字塔池化（spatial Pyramid pooling cross stage partial convolution,SPPCSPC）模块进行扩大感受野。

（8）YOLOv8 是由开发 YOLOv5 的公司 Ultralytics 于 2023 年 1 月发布的一

个重大更新版本[8]。对 YOLOv8 的主干网络进行了调整,将 YOLOv5 中的 C3 模块替换成了更轻量化的 C2f 模块,进一步提升算法的效率和性能,并通过采用解耦头的结构,利用两条并行的分支分别提取类别特征和位置特征,然后各采用一层 1×1 卷积完成分类和定位任务。YOLOv8 引入了一种新的匹配方式,称为对齐分配器(task-aligned assigner)[9],可以更有效地处理分类和回归问题。

2.2.3　基于迁移学习的目标检测算法

数据集是深度学习网络的关键,因此训练出好的目标检测模型的前提是拥有大量的数据集样本,以便提供训练,当样本不足时,训练出的模型泛化性能会较差,而现在大多数开源的数据集,如 MINIST 手写数字数据集、Wider Face 人脸检测数据集、COCO 图像语义理解数据集等有足够的样本训练模型,但是不能应用于本书模型的训练,本书关于输电线路异物的数据集与电力系统相关,是不对外开放的,故输电线路异物的数据图较少,因此下面引入迁移学习来解决目前目标领域样本数据少的问题。

迁移学习是指在不同的数据集上学习已训练模型,能够扩展数据样本,并实现了样本均衡化机器的学习方法。迁移学习中包含源域和目标域,基于所述源域与目标域之间是否对所述样本进行标记,可以把迁移学习划分为直推式迁移学习、归纳式迁移学习与监督式迁移学习,其中直推式迁移学习方法最常用且效果最好。同时,迁移学习方法也可以分为基于样本、基于特征变换及基于模型的迁移学习方法 3 种类型。①以样本为单位进行的迁移学习,其主要目的是缩小源域与目标域在分布上的差异,具体设想如图 2-13 所示,其中源域样本采用的是加权处理方式。对于源域或目标域有一定比例权重的情况,这种算法能够得到较好的分类效果。

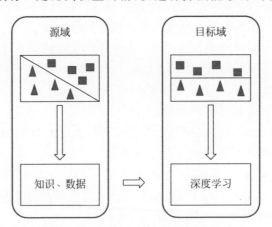

图 2-13　基于样本的迁移学习示意图

②基于特征变换的迁移学习方法通过在目标域与源域之间构造相似特征,实现样本再学习。③基于模型的迁移学习方法则根据源域和目标域之间的映射关系预测未来数据集的类别信息,其多用于深度神经网络,通过对网络部分参数进行微调实现模型或参数的迁移。

2.3 目标检测性能评价指标

目标检测算法性能评价需要依据一系列指标,以确保其在不同应用场景中的有效性。不同领域、不同场景对目标检测算法性能的要求各不相同,因此在对其进行评价时需要根据具体应用需求选择合适的指标。目前,深度学习领域常用的目标检测性能评价指标包括交并比(intersection over union,IoU)、准确率(precision,P)和召回率(recall,R)及 mAP 等。

1. 准确率和召回率

准确率是用于评价分类器对于预测为正的样本中的准确性,即模型正确判断目标的比例,而召回率则用于衡量分类器将所有目标都正确分类的能力。准确率和召回率的计算公式分别为

$$P = \frac{\text{TP}}{\text{TP} + \text{FP}} \tag{2-3}$$

$$R = \frac{\text{TP}}{\text{TP} + \text{FN}} \tag{2-4}$$

式中,P 表示准确率;R 表示召回率;TP 表示在所有真实为正例的样本中,模型预测正确的数量;FP 表示样本在真实情况中是负例,但被模型错误地预测为了正例的数量;FN 表示在真实情况中是正例,但被模型错误地预测为了负例的数量。

准确率和召回率之间存在一种权衡关系,在实际场景中,当两者同时达到较高水平时,提高准确率可能导致召回率下降,反之亦然。因此,在评价和选择模型时,需要根据具体需求进行适当的权衡。

2. 平均精度与平均精度均值

平均精度(average precision,AP)衡量了在不同置信度阈值下检测到的目标的平均精度,代表了每个类别的检测结果质量。AP 是对 P-R 曲线上的 P 求均值所得的,其计算公式为

$$\text{AP} = \int_0^1 p(r)\,\mathrm{d}r \tag{2-5}$$

当模型只针对单个类别进行预测时,该类别的 AP 即为整个模型的 mAP,而在模型预测多个类别的情况下,每个类别都有对应的 AP,然后对所有类别的 AP

值取平均值,即可得到 mAP,其计算公式为

$$mAP = \frac{\sum\limits_{k=1}^{N} AP(k)}{N} \qquad (2-6)$$

式中,N 为检测目标类别数量。需要注意的是,本书所采用的 mAP 的衡量指标为 mAP@0.5,即当交并比为 0.5 时所有类别的 AP 值(本书只有空头和稀头两个类别),因此 mAP 就是两个类别的 AP 之和除以 2 所得值。

3. 检测速度

在深度学习目标检测算法中,检测速度同样至关重要。检测速度评价指标选用的是模型参数量(parameters)、浮点数运算(giga floating-point operations per second,GFLOPs)和每秒检测帧数,其中模型参数量用于评估空间复杂度,浮点数运算用于评估时间复杂度。在烟支空稀头缺陷检测管理系统中,检测的实时性通过每秒传输帧数(frames per second,FPS)判断,FPS 通常是指在 1s 内能够完成的目标检测操作次数,其计算方法如下:记录一个时间戳,在一定时间内处理一定数量图像,将处理的图像数量除以总时间即可得到 FPS 值。

2.4　本章小结

本章主要探讨了卷积神经网络的理论和目标检测算法,为后续进一步研究提供理论支持。首先,介绍了神经网络和卷积神经网络的基本原理和结构。其次,总结了双阶段目标检测算法和单阶段目标检测算法的发展历程,包括工作原理和特点,并分析了在实际场景中的优劣和适用性。最后,对本章使用的目标检测评判指标进行了阐述,解释了评判指标的相关概念和公式,以便为后续的目标检测提供理论支持。

参考文献

[1]　REN S Q,HE K M,GIRSHICK R,et al. Faster R-CNN:towards real-time object detection with region proposal networks[J]. IEEE transactions on pattern analysis and machine intelligence,2017,39(6):1137-1149.

[2]　REDMON J,FARHADI A. YOLO9000:better,faster,stronger[C]. 2017 IEEE Conference on Computer Vision and Pattern Recognition,Honolulu,2017:7263-7271.

[3]　REDMON J,FRAHADI A. YOLOv3:an incremental improvement[EB/OL]. (2018-04-08)[2023-02-15]. https://arxiv.org/abs/1804.02767.

[4]　BOCHKOVSKIV A,WANG C Y,LIAO H Y. YOLOv4:optimal speed and accuracy of

object detection[EB/OL]. (2018-04-08)[2023-02-15]. https://arxiv. org/abs/2004. 10934.

[5]　RAHIMA K,MUHAMMAD H. What is YOLOv5：A deep look into the internal features of the popular object detector[J]. Computer Vision and Pattern Recognition,2024,arXiv：2407. 20892.

[6]　LI C Y,LI L L,JIANG H L,et al. YOLOv6：a single-stage object detection framework for industrial applications［EB/OL］. （2022-09-25）［2022-12-07］. https://arxiv. org/pdf/2209. 02976.

[7]　WANG C Y,BOCHKOVSKIY A,LIAO H Y. YOLOv7：trainable bag-of-freebies sets new state-of-the-art for real-time object detectors[C]. 2023 IEEE/CVF Conference on Computer Vision and Pattern Recognition,Vancouver,2023：7464-7475.

[8]　MUHAMMAD Y. What is YOLOv8：An In-depth exploration of the internal features of the next-generation object detector[J]. 2024,arXiv:2408. 15857v1.

[9]　FENG C J,ZHONG Y J,GAO Y,et al. TOOD：task-aligned one-stage object detection[J]. Proceedings of the 2021 IEEE/CVF International Conference on Computer Vision (ICCV), Montreal,2021：3490-3499.

第章

基于改进的Deeplabv3+网络的
电力线提取研究

3.1 Deeplabv3+基础网络

Deeplabv3+[1]是语义分割领域的一种代表性方法,主要由编码器和解码器组成[2],其网络结构图如图 3-1 所示。

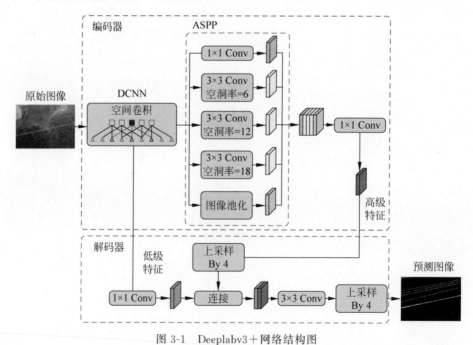

图 3-1　Deeplabv3+网络结构图

(请扫Ⅱ页二维码看彩图)

在编码器中,输入图像经主干网络提取特征,将获得的高级特征图送入 ASPP

模块对其进行语义信息的提取，然后经过 1×1 卷积调节输出通道数，最后将其与低级特征送入解码器。

在解码器中，将低级特征与经上采样操作的高级特征融合，可以更好地保留图像的细节信息，之后对特征图进行压缩和上采样操作，获得输出结果，对物体边缘进行精细化分割。

3.1.1　编码器-解码器结构

编码器-解码器（encoder-decoder）结构是一种常见的模型框架，Deeplabv3＋网络在 Deeplabv3 网络基础上进行创新，提出了 Encoder-Decoder 结构，并将 ASPP 方法和 Encoder-Decoder 框架相结合，以此提升网络性能。

Deeplabv3＋网络采用 ASPP 模块充分提取图像多尺度的上下文信息，并借助解码模块精确重构物体边缘。解码是编码的逆过程，解码器的作用是通过一定的方法使输出特征图的分辨率恢复至与输入图像相同的分辨率。Deeplabv3＋网络结构示意图如图 3-2 所示。

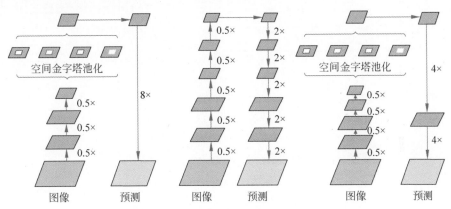

图 3-2　Deeplabv3＋网络结构示意图

（请扫Ⅱ页二维码看彩图）

3.1.2　Xception 主干网络

Xception[3]是一种深度学习模型架构，是基于 Inception 系列网络创新设计的。

Inception 系列网络通过并行使用不同大小的卷积核以及池化操作捕捉多尺度特征，从而提高模型的表达能力，但这样的设计导致模型参数大量增加。Xception 的提出旨在解决这一问题，并且利用深度可分离卷积（depthwise seperable convolution）来实现更高效的特征提取，有效降低了模型的复杂度。

Xception 网络包括输入部分、中间部分和输出部分，其中输入部分通过下采样减少特征维度，中间部分学习特征间的关系，输出部分整合上述特征信息。三部分相互协作,能够有效地处理图像数据并完成各种视觉任务。Xception 结构图如图 3-3 所示。

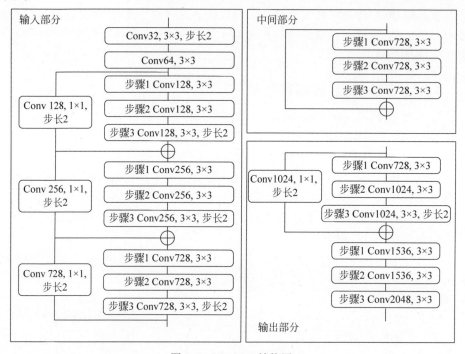

图 3-3　Xception 结构图

3.1.3　深度可分离卷积

深度可分离卷积相对于传统卷积具有更高的参数效率、更强的泛化能力和更好的计算性能。其独特之处在于,将原本单一的卷积过程分解为如下两个相互独立的操作步骤:首先,针对每个输入通道单独进行逐层卷积(depthwise convolution);其次,针对通道间进行逐点卷积(pointwise convolution)。

(1)逐层卷积原理图如图 3-4 所示。

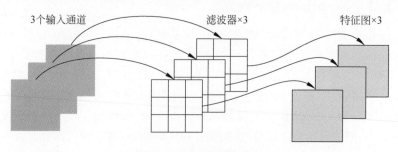

图 3-4　逐层卷积原理图

(请扫Ⅱ页二维码看彩图)

逐层卷积独立应用于输入特征图的每个通道,卷积核的数量等于输入特征图的数量,该过程中不涉及通道间的相互作用,这对于捕获同一位置不同特征通道之间的关系是不充分的,在许多视觉任务中,跨通道的信息交互对于学习高级抽象特征至关重要。

(2)为了弥补这一不足,下面利用逐点卷积整合逐层卷积得到的所有通道特征。逐点卷积原理图如图 3-5 所示。

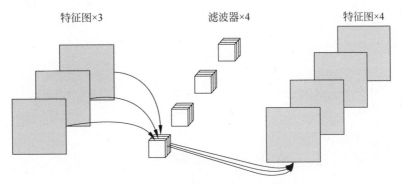

图 3-5　逐点卷积原理图

由图 3-5 可知,逐点卷积采用 1×1 的卷积核对逐层卷积得到的所有通道特征进行整合,在该过程中,每个 1×1 卷积核会跨越所有通道,从而实现了通道间的加权组合,生成新的多维特征图。深度可分离卷积同时考虑图像的区域和通道,实现了图像的区域和通道的分离,降低了卷积的参数量与计算量,提高了计算速度。

3.1.4　ASPP 模块

空洞卷积是一种卷积神经网络中的技术,目的是在不增加参数量和计算复杂度的前提下扩大卷积核的感受野,从而获取更大范围的上下文信息。在传统的卷积操作中,卷积核内的元素按照固定步长连续地在输入特征图上移动并计算输出。而空洞卷积则在卷积核元素之间插入间隙,即设置一定的间隔[4],使每个滤波器点在遍历输入特征图时跳过某些位置,但仍覆盖比相同大小普通卷积更大的区域。空洞卷积示意图如图 3-6 所示。

普通卷积在本质上可视为空洞卷积的一种特殊形态,对应膨胀率为 1 的情况。大小为 k 的普通卷积核在经历膨胀率 r 的空洞卷积扩展后,其实际覆盖区域所对应的空洞卷积核大小为 K,计算公式为

$$K = k + (k-1)(r-1) \tag{3-1}$$

ASPP 模块是 Deeplabv3＋网络的一个重要分支,它通过连接多个并行空洞卷积分支,并利用不同尺度信息提高网络多尺度特征提取能力。ASPP 模块结构包

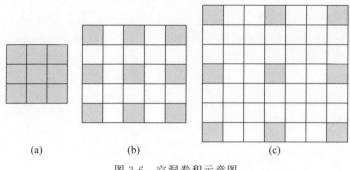

(a)   (b)   (c)

图 3-6　空洞卷积示意图

(a) $r=1$；(b) $r=2$；(c) $r=3$

括一个 1×1 的卷积层，3 个 3×3 的空洞卷积（其空洞率分别为 6、12、18），以及 1 个池化层模块。

3.2　改进的 Deeplabv3＋网络

本章以 Deeplabv3＋网络为主体，进行 4 个方面的改进。

首先，将轻量化 Mobilenetv2[5] 网络作为主干网络，增加一路低层次特征，获取五路不同层次的特征信息，减少网络参数，加速网络收敛；其次，将第二、三路的两个不同层次的信息通过一种基于坐标注意力机制的语义嵌入分支（coordinate attention semantic embedding branch，CASEB）模块进行特征融合，提高分割精度；再次，调整 ASPP[6] 模块的空洞率，并在空洞卷积后加入 1×1 卷积，加快计算速度，提高图像的特征抓取能力；最后，引入卷积注意力模块（convolution block attention module，CBAM）[7] 使模型对输入图像的不同部分给予不同的关注，加强对电力线特征的提取，抑制无用特征的传递，增强网络表征能力，使模型更精准地完成电力线提取任务。改进的 Deeplabv3＋网络结构图如图 3-7 所示。

3.2.1　改进的轻量化 Mobilenetv2 网络

1. 结构介绍

传统 Deeplabv3＋网络的主干网络为 Xception，该网络存在参数数量较多、识别效率低下和缺乏有效的信息交互等问题，为加快模型训练，降低参数量，提高训练效率，本章改进时将主干网络更换为 Mobilenetv2 网络。

Mobilenetv2 网络通过深度可分离卷积和反向残差模块，实现轻量化效果。作为 Mobilenetv2 网络的主要组成部分，反向残差模块结构图如图 3-8 所示，该结构采用两次 1×1 卷积调整通道维数，先升维后降维，从而获得更多特征信息。Mobilenetv2 网络的中间部分则采用 3×3 深度可分离卷积对有效特征进行提取。

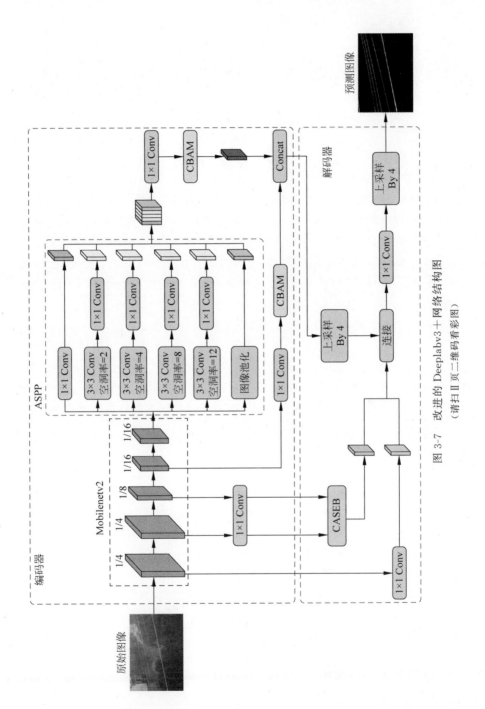

图 3-7　改进的 Deeplabv3＋网络结构图

（请扫Ⅱ页二维码看彩图）

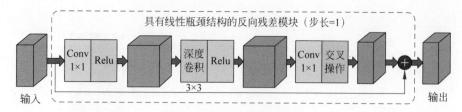

图 3-8　反向残差模块结构

（请扫Ⅱ页二维码看彩图）

2. 低水平特征引入

Deeplabv3＋网络结构仅融合经处理后大小一致的一路高级特征和低级特征，其融合特征图提取的特征不充分，包含边缘细节少，不能精确分割电力线边界信息，并且解码器结构简单，低水平特征信息缺乏，只利用一个特征融合、两个 4 倍上采样和一个 3×3 卷积进行特征图输出。因此，需要在主干网络中多加入一路低水平特征，增加送入解码器的特征信息，将 Mobilenetv2 作为主干网络，分为五路特征，每路特征图分别为原图大小的 1/4、1/4、1/8、1/16、1/16，其中原图 1/4 大小的第一路特征送入解码器中，进行 1×1 卷积操作调整通道数；原图 1/4 大小的第二路特征和 1/8 大小的第三路特征经过 1×1 卷积操作之后送入 CASEB 模块中，进行特征融合操作，增加特征信息，融合特征与第一路特征作为输入信息同时送入解码器；原图 1/16 大小的第四路特征加入 CBAM，重点学习电力线信息，使模型更好地恢复目标的边缘细节信息，将其与 ASPP 模块输出的深层特征图进行融合，上采样之后送入解码器；融合送入解码器的不同层次特征图，增加特征信息，使解码器准确地恢复电力线的边界信息。

3.2.2　改进 ASPP 模块

ASPP 模块通过不同尺度的扩张卷积，将具有调整通道数的输入特征图与多尺度图像的感受野信息融合，进一步提高了图像分割效果。不同的空洞率可以获得不同大小的感受野，但较大的空洞率不利于小目标的提取。因此，对空洞率进行调整可以更好地检测电力线。由不同层数和不同扩张率的空洞卷积组成的改进后的 ASPP 模块的网络性能如表 3-1 所示。

表 3-1　不同空洞率对网络性能的影响

不同空洞率	MIoU/%	MPA/%
(6,12,18)	71.89	76.60
(2,4,6,12)	74.99	79.38
(2,4,8,12)	75.04	79.74

注：MPA 为平均像素精度，即 mean pixel accuracy。

由 MIoU 和 MPA 结果可知,空洞率为 2,4,8,12 时,网络性能最好。因此,本书采用 4 个空洞卷积分支,并将空洞率设置为 2,4,8,12,形成密集结构,提高图像的特征抓取能力。同时,为了加速计算,在每个空洞卷积后都采用 1×1 卷积操作。改进的 ASPP 模块结构图如图 3-9 所示。

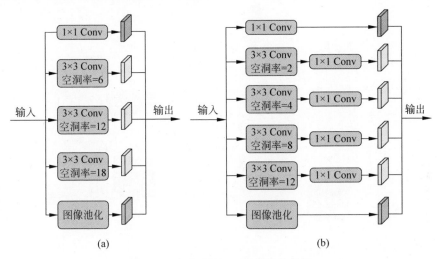

图 3-9 改进后的 ASPP 模块结构图

(a) 改进前;(b) 改进后

(请扫Ⅱ页二维码看彩图)

3.2.3 提出 CASEB 模块

语义嵌入分支(semantic embedding branch,SEB)模块[8]可实现不同层之间的特征融合,弥补高低层特征之间的差异,减小图像的噪声和灰度相似带来的不良影响。本章将主干网络的第二、三路两个不同层次的信息进行融合,弥补两路信息之间的差异。该模块的主要思想是通过逐个像素的乘法将高层次特征的丰富语义信息整合到低层次特征中,在尽量不增加模型参数和复杂度的同时,将高层的特征图经过一次核大小为 3×3 的卷积层和上采样操作,再乘上来自较低层的特征图,实现不同层之间的特征融合,弥补高低层特征之间的差异,以便还原出更多的图像细节。SEB 模块结构图如图 3-10 所示。

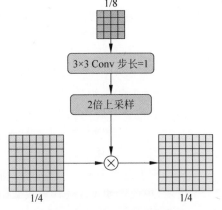

图 3-10 SEB 模块结构图

(请扫Ⅱ页二维码看彩图)

为增强对位置的表达能力同时减轻计算量,SEB 模块中加入坐标注意力(coordinate attention,CA)模块[9]。CA 模块结构图如图 3-11 所示。

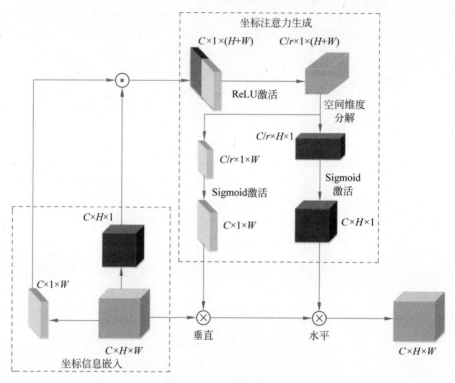

图 3-11　CA 模块结构图

(请扫 Ⅱ 页二维码看彩图)

CA 模块的实现过程具体为两个步骤。

(1)坐标信息嵌入,对传统全局池化加以改进,通过将通道注意力分解为 2 个一维编码并沿 2 个方向聚合特征,改善传统空间池化无法获取空间位置信息的缺陷。

(2)坐标注意力生成,CA 模块首先将不同方向的两幅特征图像融合,通过共享参数的 1×1 卷积压缩通道维数,使用 ReLU 函数赋予通道非线性特性;然后将特征图沿空间维度分解为水平和垂直两条单独分量,使用 1×1 卷积变换增加特征维数,使用 Sigmoid 函数进行非线性激活;最后将两个注意力通道与原特征图相乘实现注意力生成操作。

为提高模型的分割精度,第二、三路的两个不同层次的信息进行特征融合时加入 CA 模块,由此产生 CASEB 模块。CASEB 模块结构图如图 3-12 所示。

由图 3-12 可知,CASEB 模块的工作流程如下:首先,输入原图 1/4 大小和 1/8 大小的特征图,1/4 大小的特征图经过 CA 模块增强对位置的表达;其次,1/8

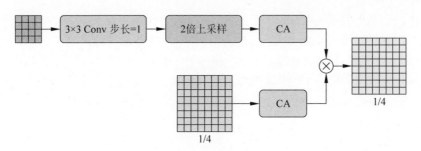

图 3-12 CASEB 模块结构图

（请扫Ⅱ页二维码看彩图）

大小的特征图通过 3×3 卷积,之后经过 2 倍上采样,然后经过 CA 模块获取位置信息,使特征通道数与 1/4 大小特征图保持一致,增强网络对特征表达能力;最后,将其结果与加入 CA 模块的 1/4 大小特征图进行像素级乘法,输出特征图。

3.2.4 引入 CBAM

虽然电力线像素在整个电力线图像像素中的占比很小,但是电力线特征提取网络应更多地关注电力线像素。因此,为了提升 Deeplabv3＋网络对电力线像素敏感性,本章加入 CBAM 增强对图像全局信息和电力线边缘等细节信息的感知,减少对电力线误分割现象,提高模型对电力线的检测效率。CBAM 结构图如图 3-13 所示。

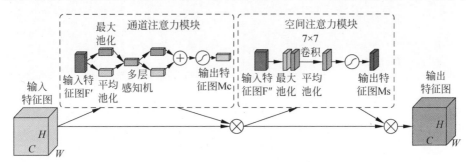

图 3-13 CBAM 结构图

（请扫Ⅱ页二维码看彩图）

CBAM 是一种轻量级模块,包括通道注意力模块(channel attention module,CAM)和空间注意力模块(spatial attention module,SAM)[10]。在 CAM 中输入的特征图,经过池化操作后,得到输入特征图每个通道的权值,并将其施加到 SAM;而 SAM 每个特征点的通道上取最大值和平均值后,通过与 CAM 相同的操作,得到输入特征图每个特征点的权值,最后将该权值与原输入特征图进行乘积,并经过卷积处理后获得包含多尺度上下文信息的深层特征。

Deeplabv3＋网络经过 ASPP 模块提取多尺度特征后,将多尺度的特征进行拼接操作。事实上,在经过 ASPP 模块后,各个通道代表不同的特征,并且特征重要性随着识别目标的变化而改变,但 Deeplabv3+网络并未对各通道信息加以权重区分。因此,在降维后,加入 CBAM 进一步提升了模型的分割精度,通过为各特征通道添加权重信息,充分利用特征图的通道信息和空间信息,在获得整体特征的基础上重点关注电力线边缘区域,减少传输无用信息,改善网络特征提取能力。

3.3　实验过程

3.3.1　数据集来源

本章选用公开的电力线数据集 TTPLA 和 GTPLD 进行实验。本章从数据集 TTPLA 和 GTPLD 中分别选取 596 张和 200 张含有电力线的可见光图像,选中图像是在不同背景下拍摄而成的。为丰富数据集,避免发生过拟合现象,实验将 796 张图片通过翻转、平移、裁剪等方式扩充至 5 572 张图片作为本章的数据集,并将图片大小统一设置为 512×512。其中,测试集包括 558 张图片,训练集包括 4512 张图片,验证集包括 502 张图片。数据集中不同背景下的电力线航拍图像样本如图 3-14 所示。

(a)　　　　　　　　(b)　　　　　　　　(c)　　　　　　　　(d)

图 3-14　数据集中不同背景下的电力线航拍图像样本
(a) 树林背景;(b) 复杂背景;(c) 车辆、路面背景;(d) 草地背景
(请扫Ⅱ页二维码看彩图)

3.3.2　数据增强

增加图片的数量和提升图片的质量都能提高深度学习网络的泛化性能。无人机在巡检过程中采集的图像往往具有复杂的背景环境,并且在采集期间易受噪声的干扰,导致图像质量显著下降,若不经过处理直接将此类图像应用于模型的训练和测试阶段,则将直接降低模型的准确率。因此,为了优化电力线提取性能,本章采取图像增强技术处理原始电力线图像,增强待检测目标的特征与图像的清晰度,改善图像质量,进一步提高电力线提取效果。

1. 图像滤波

在无人机航拍图像的采集阶段,受设备振动、光学畸变及复杂多变的环境因素影响,获取的图像模糊、信噪比低且含有大量噪声,影响采集图像的成像效果。因此,需要对图像进行去噪处理,改善图像质量,保证电力线图像的准确提取。主要的图像去噪方法包括高斯滤波、均值滤波、中值滤波和维纳滤波 4 种。下面主要介绍高斯滤波。

高斯滤波是一种基于线性滤波原理的图像处理技术,可以用于有效抑制高斯噪声,实现图像增强的目的[11]。二维高斯滤波的表达式为

$$h(x,y) = \frac{1}{2\pi\sigma^2}e^{-\frac{x^2+y^2}{2\sigma^2}} \tag{3-2}$$

式中,(x,y) 表示目标像素;σ 为标准差。

电力线拥有细长的几何特征和高斯函数的重要性质[12],并且高斯噪声为航拍图像中最常见的噪声类型,因此,本章采用高斯滤波器完成图像的平滑处理。高斯滤波结果图如图 3-15 所示。

(a)　　　　　　(b)

图 3-15　高斯滤波结果图

(a) 原始图像;(b) 高斯滤波图像

(请扫Ⅱ页二维码看彩图)

2. 直方图均衡化

针对无人机采集图像过程中存在的曝光控制不当、运动拍摄时图像模糊,以及其他阴影干扰导致采集到的图像出现数据特征不明显、清晰度欠佳的问题,为了不影响后期的电力线提取,改善图像质量,本章利用直方图均衡化[13]对图像进行亮度与对比度增强,从而优化图像数据,使图像画面更清晰,有效地降低拍摄外部条件影响,提升后期电力线提取的鲁棒性。

直方图均衡化通过对图像中的像素分布进行优化调整,消除单一峰值现象,增强图像中电力线的特征信息,并且通过扩展图像中的灰度级动态范围来增强图像对比度和清晰程度,此时图像包含了更多信息。直方图均衡化结果图如图 3-16 所示。

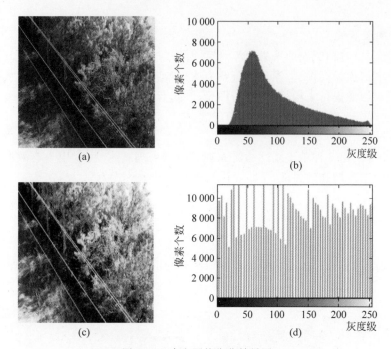

图 3-16　直方图均衡化结果图

(a) 原始图像；(b) 原始图像直方图；(c) 直方图均衡化图；(d) 直方图均衡化图后的直方图

(请扫 Ⅱ 页二维码看彩图)

由图 3-16 可知，经过直方图均衡化以后，直方图分布更加均匀。对比图 3-16(b)和(d)可以看出，图像的平均亮度与对比度都明显增强。

3.3.3　实验环境

本章实验环境配置如表 3-2 所示。

表 3-2　实验环境配置

实验环境	名称	参　　数
硬件	CPU	Intel(R) Xeon(R) Platinum 8255C CPU @ 2.50GHz
	内存容量	43G
	GPU	NVIDIA GeForce RTX 3090
	显存容量	24G
软件	操作系统	Windows10
	深度学习框架	Pytorch
	CUDA	11.3
	编程语言	Python

综合考虑硬件及模型性能，并经过多次实验，本章实验参数设置如下：训练的

批次大小为 8，采用随机梯度下降（stochastic gradient descent，SGD）算法进行优化，最大学习率为 $7\mathrm{e}^{-3}$，最小学习率为 $7\mathrm{e}^{-5}$，采用 cos 学习率下降法，动量值（Momentum）设置为 0.9，训练次数（epoch）设置为 200。

3.3.4 评价指标

评价指标用来评价语义分割模型的检测效果。本章以 MPA、MIoU、预测速度和参数量评价图像分割模型的性能。

（1）MPA 表示每种类别被正确分类的像素比例求平均值，其计算表达式为

$$\mathrm{MPA} = \frac{1}{m+1}\sum_{i=0}^{m}\frac{k_{ii}}{\sum_{j=0}^{m}k_{ij}} \tag{3-3}$$

式中，$m+1$ 为类别数；k_{ii} 为预测正确的像素数；k_{ij} 为实际为 i 类却被预测为 j 类的像素数。

（2）MIoU 表示真实值和预测值的交集与并集之比，其计算表达式为

$$\mathrm{MIoU} = \frac{1}{m+1}\sum_{i=0}^{m}\frac{k_{ii}}{\sum_{j=0}^{m}k_{ij}+\sum_{j=0}^{m}k_{ji}-k_{ii}} \tag{3-4}$$

式中，k_{ji} 为实际为 j 类却被预测为 i 类的像素数。

3.4 实验结果与分析

3.4.1 消融实验

为验证加入 Deeplabv3+网络的各个模块对网络性能的影响，本章进行了消融实验，结果如表 3-3 所示。

表 3-3 消融实验结果

实验	Deep-labv3+	Mobile-netv2	增加浅层特征	改进ASPP	引入CASEB	加入CBAM	MIoU/%	MPA/%	参数量/MB	预测速度/(f/s)
实验 1	√	—	—	—	—	—	73.87	78.76	182.30	27.95
实验 2	√	√	—	—	—	—	71.89	76.60	22.43	50.26
实验 3	√	√	√	—	—	—	74.57	78.03	22.82	46.41
实验 4	√	√	√	√	—	—	75.04	79.74	20.88	44.34
实验 5	√	√	√	√	√	—	75.74	80.65	21.03	46.60
实验 6	√	√	√	√	√	√	77.29	81.13	17.88	47.82

由表 3-3 可知，Deeplabv3+网络对特征像素的提取能力良好，同时还可以通

过改进模块提升模型性能。对比实验 1 和实验 2,骨干网络更换为 Mobilenetv2 网络后,MIoU 下降 1.98%,MPA 下降 2.16%,但参数量只有原始模型参数量的 12%,预测速度增大 1 倍。对比实验 2 和实验 3,增加浅层特征后,网络能提取到更多的细节特征,MIoU 提升 2.68%,MPA 提升 1.43%;对比实验 3 和实验 4,改进 ASPP 模块后,MIoU 提升 0.47%,MPA 提升 1.71%,表明改进空洞率的 ASPP 模块结构可以更加精细化地提取电力线,其特征提取能力得到了提升,提高网络的电力线的识别能力。对比实验 4 和实验 5,引入 CASEB 模块后,加大了特征信息量,MIoU 提升 0.7%,MPA 提升 0.91%;对比实验 5 和实验 6,对模型编码模块和解码模块引入 CBAM 后,MIoU 提升 1.55%,MPA 提升 0.48%,表明 CBAM 的使用减少了无关特征对模型的影响,增加了对重点电力线目标的学习和融合各层级信息的能力,从而增强了网络模型的特征判别性和分割精度,突出电力线像素的重要性。

本章改进后的算法相比原始网络的 MIoU 和 MPA 均有所提升,表明改进算法具有有效性。

3.4.2　模型训练稳定性实验

为验证改进的 Deeplabv3+网络相较于 Deeplabv3+基础网络在性能上的优势,下面分别对改进前后 Deeplabv3+网络以同样的训练参数和数据集进行训练,其损失函数的变化曲线如图 3-17 所示。

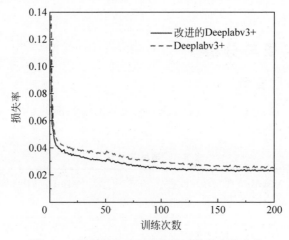

图 3-17　网络训练过程中损失函数的变化曲线
(请扫Ⅱ页二维码看彩图)

由图 3-17 可知,模型损失率在训练开始时处于迭代初期,此时模型正在处于学习状态,损失值急剧下降,波动剧烈,起伏较大。随着迭代次数的增加,两个模型训练集的损失值逐渐趋于平稳,模型逐渐收敛。但改进 Deeplabv3+网络收敛性更强,后期波动小。

3.4.3 主流算法对比实验

为了更直观体现本章方法的有效性,下面选取同样用于电力线提取的 U-Net[14]、PSPNet[15]、Deeplabv3+[16] 和本章模型进行对比实验。其中,将以 Mobilenetv3 为主干网络的 Deeplabv3+网络记为 mDeeplabv3+[17]。不同模型实验评价指标如表 3-4 所示。由表 3-4 可知,本章改进模型的 MIoU、MPA 和参数量 3 个值均为最优值,参数量明显下降并且均小于其他模型,但预测速度在表中排第二。综合考虑,本章模型在分割性能方面具有很好的效果,可以有效地适用于电力线提取。

表 3-4 不同模型实验评价指标

模 型	MIoU/%	MPA/%	参数量/MB	预测速度/(f/s)
U-Net	72.35	79.61	60.28	30.61
PSPNet	63.82	70.05	178.17	46.17
Deeplabv3+	73.87	78.76	82.30	27.95
mDeeplabv3+	71.76	76.42	24.52	48.37
Ours	77.29	81.13	17.88	47.82

与不同模型的可视化结果对比图如图 3-18 所示。

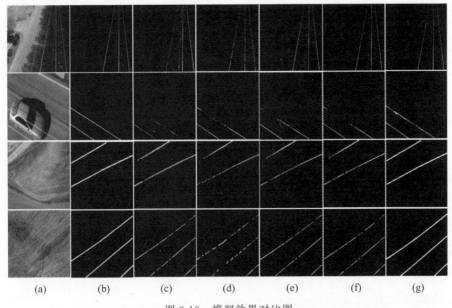

图 3-18 模型效果对比图

(a) 原始图像;(b) 标记图;(c) U-Net;(d) PSPNet;(e) Deeplabv3+;

(f) mDeeplabv3+;(g) Ours

(请扫Ⅱ页二维码看彩图)

　　由图 3-18 可知,U-Net 网络电力线分割结果存在大量断续现象,电力线分割不完整,并且在与电力线特征相类似的小汽车的车窗边缘存在错误分割现象;PSPNet 网络分割电力线存在分割不连续现象,并且对电力线边界的分割过于粗糙,对细节特征表达不足;原始 Deeplabv3＋网络也对背景中的小汽车产生了错误分割现象,对电力线边缘的分割效果存在不足;mDeeplabv3＋网络出现大量未检测到的电力线部分,电力线漏分割现象严重。上述算法在处理电力线分割任务时均存在一定的局限性。相较之下,本章改进模型能完整准确地将电力线区域进行分割,边缘细节提取清晰,具有较强的鲁棒性。另外,从图 3-18 中可以发现,本章改进模型在背景有干扰的情况下仍能准确提取出电力线,改进模型具有良好的分割性能。

3.5　本章小结

　　本章提出了一种用于电力线提取任务的改进 Deeplabv3＋算法,解决了已有算法存在的复杂场景干扰大、检测不准确的问题。本章将原始主干网络替换为轻量级 Mobilenetv2 网络,增加低水平特征,充分提取特征信息;添加 ASPP 模块的卷积分支数量,调整空洞率,提升图像的特征抓取能力,进一步在每个空洞卷积后加入 1×1 卷积操作,加快计算速度;提出 CASEB 模块,融合第二、三路特征,增强目标特征的表示;引入 CBAM,抑制无用信息的传递,提高模型识别效率。可知,改进后的 Deeplabv3＋网络相对于 Deeplabv3＋基础网络,在 MPA 和 MIoU 方面分别提升 2.37％和 3.42％,该方法可提供更加精确的电力线提取结果。

参考文献

[1]　CHEN L C, ZHU Y, PAPANDREOU G, et al. Encoder-decoder with atrous separable convolution for semantic image segmentation[C]. Proceedings of the European Conference on Computer Vision, Munich, 2018: 801-818.

[2]　曹文卓,王太固,徐兵,等. 基于语义分割的船闸水位检测方法研究[J]. 仪器仪表学报, 2023, 44(2): 238-247.

[3]　CHOLLET F. Xception: deep learning with depthwise separable convolutions[C]. 2017 IEEE Conference on Computer Vision and Pattern Recognition (CVPR), Honolulu, 2017: 1251-1258.

[4]　MEHTA S, RASTEGARI M, CASPI A, et al. ESPnet: efficient spatial pyramid of dilated convolutions for semantic segmentation[C]. Computer Vision-ECCV 2018, Munich, 2018: 552-568.

[5]　SANDLER M, HOWARD A, ZHU M L, et al. Mobilenetv2: inverted residuals and linear

bottlenecks[J]. 2018 IEEE/CVF Conference on Computer Vision and Pattern Recognition，Salt Lake City，2018：4510-4520.

［6］ CHEN L C，PAPANDREOU G，KOKKINOS I，et al. Deeplab：semantic image segmentation with deep convolutional nets，atrous convolution，and fully connected CRFs [J]. IEEE transactions on pattern analysis and machine intelligence，2017，40（4）：834-848.

［7］ 朱焕宇，王明泉，李磊磊，等.胎体钢丝帘线缺陷的 CD-YOLO 分割算法应用[J].国外电子测量技术，2023，42（7）：175-180.

［8］ CHEN L-C，ZHU Y K，PAPANDREOU G，et al. Encoder-decoder with Atrous separable convolution for semantic image segmentation［C］. Computer Vision-ECCV 2018：15th European Conference，Munich，Germany，2018.

［9］ 贾雪莹，赵春江，周娟，等.基于改进 YOLOv7 模型的柑橘表面缺陷在线检测[J].农业工程学报，2023，39（23）：142-151.

［10］ 杨智伦，朱铮涛，陈树雄，等.改进 CNN 的供水管道泄漏声音识别[J].国外电子测量技术，2023，42（1）：153-158.

［11］ POLURI S M，DEY A . Adaptive Gaussian filters for nonlinear state estimation with one step randomly delayed measurements[J]. Asian journal of control，2022，25（2）：867-885.

［12］ LIU B，DU Y Z，YANG T，et al. A phase contrast cell microscopic image enhancement algorithm based on sliding window and multi-scale Gaussian filtering［C］. International Conference on Computer Application and Information Security（ICCAIS 2023），Chengdu，2024：860-865.

［13］ ROY S，BHALLA K，PATEL R. Mathematical analysis of histogram equalization techniques for medical image enhancement：a tutorial from the perspective of data loss [J]. Multimedia tools and applications，2024，83（5）：14363-14392.

［14］ 陈兴志.基于无人机电力巡检的电力线检测研究[D].南宁：广西大学，2021.

［15］ 张敏.基于深度学习的电力线分割算法研究[D].武汉：武汉纺织大学，2024.

［16］ 左安全，秦伦明，王悉，等.基于改进 Deeplabv3＋模型的电力线语义分割方法[J].无线电工程，2023，53（1）：96-104.

［17］ 周迅，李永龙，周颖玥，等.基于改进 Deeplabv3＋网络的坝面裂缝检测方法[J].清华大学学报（自然科学版），2023，63（7）：1153-1163.

第 **4** 章

基于改进的YOLOv7网络的
绝缘子识别研究

4.1 YOLOv7 基础网络

　　YOLOv7 基础网络[1]是在 YOLOv5 基础上进行网络结构的优化、数据增强策略的选择和激活函数的调整等方面的改进,改进后模型的检测性能和速度均有所提升,同时能够支持更多的应用场景。YOLOv7 基础网络主要包括输入(input)、主干网络(backbone)、颈部(neck)、检测头(head)4 部分。YOLOv7 基础网络通过优化设计的主干网络提取丰富的特征信息,通过颈部网络构建多尺度特征金字塔,最后在检测头上生成准确的目标边界框和类别预测,从而实现对输入图像中目标的高效检测。

　　(1)输入模块:输入端通过自适应图像缩放、自适应锚框计算和 Mosaic 数据增强对输入数据进行处理,统一将图像缩放至默认像素尺度,以满足骨干网络对输入图像尺寸的要求,增强网络的泛化能力。

　　(2)主干模块:骨干网络用于提取输入图像的特征信息,以便于进行后续的特征融合和目标检测。该网络主要由 CBS、ELAN 和 MP 3 个子模块组成,其中,CBS 模块用于特征提取和通道转换;ELAN 模块通过不同深度的分支将特征图拼接起来,进而促进更深层网络的有效学习和收敛;MP 模块将经过不同下采样方式所得到的特征图进行融合,在不增加计算量的同时保留更多的特征信息。

　　(3)颈部模块:颈部网络用于对不同类型硬件设备所采集的视频图像进行语义特征传递,实现深层特征与浅层特征的融合,进一步增强特征表达能力。该网络主要包括 SPPCSPC、ELANW、UPSample 3 个子模块和 Cat 结构,其中,SPPCSPC 模块用于提高特征提取的效率和准确率;ELANW 模块相较于 ELAN 模块增加了两个拼接操作;UPSample 模块用于实现不同层次特征的高效融合;Cat 结构旨在进一步优化卷积层的效果。

（4）检测头模块：检测头负责网络最终的预测输出，针对颈部处理后的特征信息进行解耦，采用重参数化模块对颈部输出的3种不同尺寸的特征进行通道数调整，再经过1×1的卷积操作，得出目标物体的位置、置信度和类别的预测。

YOLOv7网络结构图如图4-1所示。

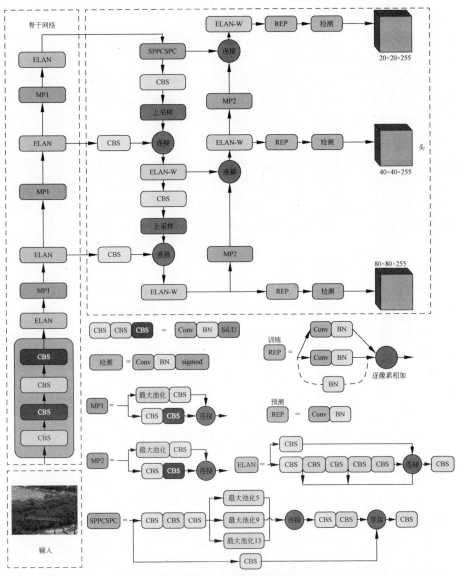

图4-1 YOLOv7网络结构图

（请扫Ⅱ页二维码看彩图）

4.2　改进的 YOLOv7 网络

　　针对输电线路典型目标识别任务中存在的绝缘子尺度不一和复杂背景干扰等影响绝缘子目标识别精度的问题,本章以 YOLOv7 基础网络为主体,进行 4 个方面的改进,具体改进如下。

　　添加轻量化的高效通道注意力(efficient channel attention,ECA)模块[2]选择性地加强重要特征并抑制无用特征,改善复杂环境下目标的错检漏检问题;使用轻量级通用上采样算子(content-aware reassembly of features,CARAFE)模块作为上采样算子,精准定位轮廓的同时更好地保留图片的语义信息,使得上采样过程更加全面且高效;引入双向特征金字塔(bi-directional feature pyramid network,BiFPN)模块,跨尺度融合不同层特征值,改善因下采样造成的细节特征丢失、特征融合不充分问题,提高网络对特征信息的提取能力,有效地提高模型检测精度;为了使网络模型匹配本章数据集的绝缘子标记框的尺寸,利用 K 均值聚类算法对标记框进行聚类,解决系统自动生成的预测框难以准确匹配数据集中目标尺度不一的问题,提高模型的检测效果。改进的 YOLOv7 网络结构图如图 4-2 所示。

4.2.1　添加 ECA 模块

　　为了抑制背景信息干扰,更好地关注复杂背景下的绝缘子目标,实现特征图的通道自适应校准,添加 ECA 模块。ECA 模块是在压缩和激励模块(squeeze-and-excitation,SE)的基础上进行改进,去除了全连接层,使用 1×1 的卷积实现局部跨通道交互,避免降维对数据的影响,在降低模型复杂度的同时,增强捕获每个通道中获取关键信息的能力,减少模型的计算量和参数量,有效提高了目标检测算法的性能。该模块从通道间的特征信息中自适应学习,对特征进行重构和分配,以提高小目标特征图的比例和权重,缓解卷积模块在通道范围内的不足,增强网络的特征提取能力,使模型利用全局特征区分图像信息层次。因此,该模块在检测过程中能够抑制背景信息干扰,更好地关注复杂背景下的绝缘子目标,实现特征图的通道自适应校准。

　　ECA 模块对输入的特征图进行了全局平均池化(global average pooling,GAP),使特征图的维度由 $H\times W\times C$ 变为 $1\times1\times C$,接着对输出的特征向量进行 Sigmoid 激活函数处理,然后使用一维卷积对输入进行重要性加权,以捕获输入图中更重要的信息,得到具有通道注意力的特征图。其中,重要的特征分配较高的权重,不重要的特征分配较低的权重。该模块结构简单,是一种轻量化的通道注意力机制,在提升性能的同时可有效降低模型的复杂程度。ECA 模块图如图 4-3 所示。

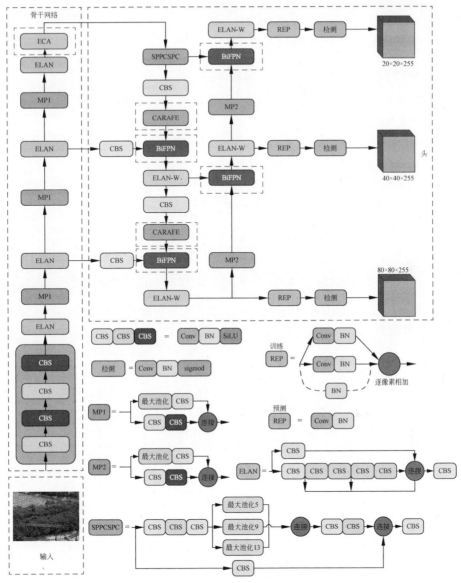

图 4-2　改进的 YOLOv7 网络结构图

（请扫Ⅱ页二维码看彩图）

4.2.2　引入 BiFPN 模块

路径聚合网络[3]（path aggregation network，PANet）是 YOLOv7 的特征融合网络，但其设计时未充分考虑特征融合过程中不同层级特征图所含不同语义信息的差异性，因此在融合多尺度特征时效率不高，从而限制了检测网络的精度提升。

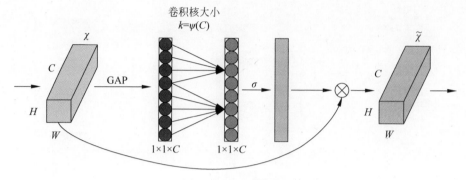

图 4-3　ECA 模块图

（请扫Ⅱ页二维码看彩图）

而 BiFPN[4]在融合不同层级特征时，赋予了每个层级特征动态的权重，最终将权值归一化到[0,1]，提升了网络识别提取与整合特征信息的能力，使其低层的空间细节特征信息能够与高层次的语义信息更好地结合，从而在不同情境中有效地增强模型对目标物体的识别能力。

不同特征金字塔结构图如图 4-4 所示。

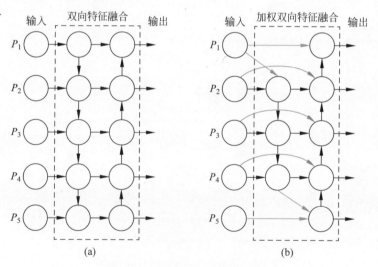

图 4-4　不同特征金字塔结构图

（a）PANet；（b）BiFPN

4.2.3　替换上采样算子

在进行特征提取时，YOLOv7 基础网络采用的双线性上采样方法会忽略一些语义信息，导致局部信息丢失。因此，为了增强对绝缘子细节的感知，本章将

YOLOv7 中的双线性上采样方法替换为 CARAFE 上采样[5]方法,并且不引入过多的参数和计算量。同时,CARAFE 根据输入特征的内容进行自适应的上采样,可以更好地适应不同区域的特征,而不是简单地进行统一的上采样操作。CARAFE 网络结构图如图 4-5 所示。

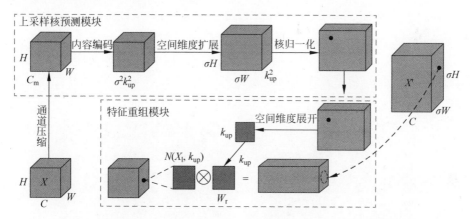

k_{up}—重组核的大小;$N(X_l,k_{up})$—以位置 l 为中心,大小为 $k\times k$ 的 X 的子区域;

X'—新特征图;X—输入特征图。

图 4-5　CARAFE 网络结构图

(请扫Ⅱ页二维码看彩图)

CARAFE 通过对特征图进行更智能的重新组装,减少信息损失,其主要包括两个部分:第一部分根据内容为每个目标位置预测一个上采样核,第二部分用预测的上采样核重新组装特征。当输入特征图尺寸为 $W\times H\times C$,且上采样比为 σ,经过上采样算子 CARAFE 后,输出的特征图尺寸为 $\sigma W\times\sigma H\times C$。

4.2.4　K 均值算法聚类

YOLOv7 网络模型提供了 9 种尺寸不同的预选框,这些固定的预选框尺寸并不完全匹配绝缘子数据集,若预选框与绝缘子标记框尺寸差距较大,则可能影响网络模型的检测准确性。

为了使 YOLOv7 网络模型匹配本章数据集的绝缘子标记框尺寸,下面使用 K 均值算法对标记框进行聚类。已知 YOLOv7 网络模型有 9 个不同大小的预选框,故 K 均值算法选择聚类数量为 9。将每个预选框求平均值作为新的聚类中心,经过实验验证得到最适合的预选框尺寸大小为[[13,10,15,13,27,17]、[25,28,81,20,66,45]、[129,35,34,176,274,92]],使其能够更好地适应数据集中不同尺寸的绝缘子边界框。

4.3　实验过程

4.3.1　数据集来源及扩充

本章实验使用的数据集包括 3 部分,第 1 部分为开源数据集 CPLID[6] (Chinese power line insulator dataset),第 2 部分为实际拍摄数据集,第 3 部分为网络收集数据集。数据集的图像均是由无人机在不同场景、不同角度进行拍摄的,拍摄图像背景复杂,包括树林、路面、电力塔、草地、河流和房屋等,共计 968 张。不同背景下的绝缘子航拍图像如图 4-6 所示。

(a)　　　　　　　　(b)

(c)　　　　　　　　(d)

图 4-6　不同背景下的绝缘子航拍图像

(a) 树林背景;(b) 河流背景;(c) 草地背景;(d) 房屋背景

(请扫Ⅱ页二维码看彩图)

因为图像数量较少,所以进行实验时,数据不足易造成模型泛化能力差,从而出现过拟合现象,进而影响实验结果。本章通过图像裁剪、翻转、旋转等方法进行数据扩充处理,同时应用 3.3.2 节的方法提升图像质量,最终获得 5 808 张图像,按照 8∶1∶1 的比例将数据集划分为训练集、验证集、测试集,部分数据增强效果图如图 4-7 所示。本章采用 LabelImg 软件对数据集中所有待训练的绝缘子图像进行标注。

4.3.2　实验环境

实验使用的操作系统为 Windows 10,GPU 为 NVIDIA GeForce RTX3060,

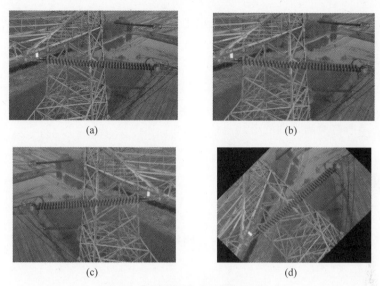

图 4-7　部分数据增强效果图

（a）原始图像；（b）图像裁剪；（c）图像翻转；（d）图像旋转

（请扫Ⅱ页二维码看彩图）

CPU 为 Intel i5-12400F，显存容量为 12G，CUDA 为 11.7，深度学习框架为 Pytorch，运用 Python 语言进行编程。训练检测网络模型时，批量大小设置为 8，训练次数设置为 200，初始学习率为 0.01，动量值（Momentum）设置为 0.937，权重衰减系数为 0.005。输入的图像尺寸统一设置为 640×640。

4.3.3　评价指标

为了评价改进后模型的性能，本章使用准确率（P）、召回率（R）和平均精度均值（mAP）作为检测效果的评价指标[7]，其计算过程具体如下。

（1）准确率：模型正确识别出的目标物体数与目标总数的比值，其计算公式为

$$P = \frac{\mathrm{TP}}{\mathrm{TP} + \mathrm{FP}} \tag{4-1}$$

式中，TP 为被正确识别的样本；FP 为原本是其他类别却被预测为正类的样本。

（2）召回率：模型正确识别出的真正目标样本数与全部目标样本数的比值，其计算公式为

$$\mathrm{mAP} = \frac{\sum_{i=1}^{N} \mathrm{AP}}{N} = \frac{\sum_{i=1}^{N} \int_{0}^{1} p(r)\,\mathrm{d}r}{N} \tag{4-2}$$

式中，N 代表模型预测为负样本，但实际应为正样本的数量，反映模型未能正确识别出的真实目标个数。

（3）平均精度均值：所有被检测目标类别 AP（average precision）的平均值，用来衡量检测网络的算法性能，其计算公式为

$$mAP = \frac{\sum_{i=1}^{N} AP}{N} = \frac{\sum_{i=1}^{N} \int_{0}^{1} p(r) dr}{N} \tag{4-3}$$

式中，N 表示所有检测类别的个数。

4.4　实验结果与分析

4.4.1　消融实验

为验证加入 YOLOv7 的各个模块对网络性能的影响，进行消融实验，消融实验结果如表 4-1 所示。

表 4-1　消融实验结果

实验	YOLOv7	ECA	BiFPN	CARAFE	K 均值	$P/\%$	$R/\%$	mAP@0.5/%
实验 1	√	—	—	—	—	89.25	92.83	90.11
实验 2	√	√	—	—	—	93.06	93.52	94.64
实验 3	√	√	√	—	—	93.55	94.07	94.91
实验 4	√	√	√	√	—	95.36	94.89	95.02
实验 5	√	√	√	√	√	96.66	95.32	95.78

由表 4-1 可知，本次消融实验共包括 4 部分：添加 ECA 模块、CARAFE 替换上采样算子、引入 BiFPN 模块和利用 K 均值聚类合适的候选框，在原始 YOLOv7 模型上加入各个模块对原始算法进行改进，提升模型的性能。对比实验 1 和实验 2 可知，在 YOLOv7 模型上加入 ECA 模块后，mAP@0.5 提升了 4.53%，P 提升了 3.81%，表明在复杂环境背景干扰下，ECA 模块的加入使网络模型聚焦于重要部分，从而有效提升对绝缘子的特征提取能力；对比实验 2 和实验 3 可知，引入 BiFPN 后，mAP@0.5 提升了 0.27%，P 提升了 0.49%，表明该模块可以在不同层级上融合多尺度特征信息，从而减少误检漏检；对比实验 3 和实验 4 可知，在加入 CARAFE 后，mAP@0.5 提升了 0.11%，P 提升了 1.81%，表明该模块可以减少特征提取过程中的信息损失；对比实验 4 和实验 5 可知，在利用 K 均值对候选框进行聚类之后，mAP@0.5 提升了 0.76%，P 提升了 1.3%，表明聚类后得到适合本章数据集的候选框，提升了模型检测效果。本章将 4 种改进策略融合后，效果最佳，改进的 YOLOv7 网络相对于 YOLOv7 基础网络，其 mAP@0.5 提升了 5.67%，P 提升了 7.41%，因此本章改进的算法对输电线路绝缘子识别的效果比

传统的 YOLOv7 表现更优秀,能够较为准确地识别出相关物体,进一步验证了本章方法的可行性。

4.4.2　模型稳定性实验

为验证改进 YOLOv7 网络相较于 YOLOv7 基础网络在性能上的优势,下面分别以同样的训练参数和数据集对改进前后的 YOLOv7 网络进行训练,其损失函数的变化曲线如图 4-8 所示。

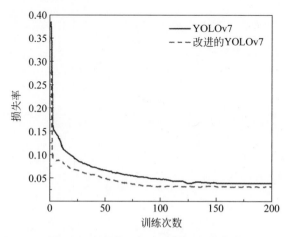

图 4-8　改进前后损失函数的变化曲线

由图 4-8 可知,损失率在训练开始时处于迭代初期,此时模型正在处于学习状态,损失率急剧下降,波动剧烈,起伏较大。随着迭代次数的增加,两个模型训练集的损失率逐渐趋于平稳,模型逐渐收敛。但改进的 YOLOv7 网络收敛性更强,后期波动小,说明模型效果越好,即损失率越低,模型效果越好。

改进前后的 mAP@0.5 曲线如图 4-9 所示。由图 4-9 可知,当训练次数达到 100 时,改进的 YOLOv7 网络对应的 mAP@0.5 已经趋于稳定,曲线波动也比较小;当训练次数为 200 时,mAP@0.5 稳定在 96% 左右。

4.4.3　主流算法对比

为了更好地评价改进后的 YOLOv7 网络模型在该数据集上的检测性能,本章在相同实验环境及参数配置下,采用同样用于绝缘子识别的 SSD[8]、Faster R-CNN[9]、YOLOv5[10] 等主流算法及本章算法进行对比实验;以 mAP@0.5 作为衡量水平好坏的标准,通过实验对比,进一步验证本章算法的有效性。主流算法对比结果如表 4-2 所示。

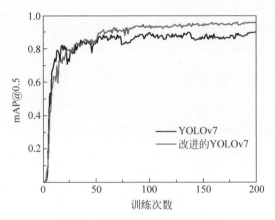

图 4-9　改进前后的 mAP@0.5

表 4-2　主流算法对比结果

模　　型	$P/\%$	$R/\%$	mAP@0.5/%
SSD	92.53	83.92	75.14
Faster R-CNN	86.24	89.77	88.53
YOLOv5	91.78	87.15	89.68
YOLOv7	89.25	92.83	90.11
本章算法	96.66	95.92	96.78

　　通过分析表 4-2 的数据可知,在输电线路绝缘子这一特定目标的识别任务中,无论是沿用应用广泛的主流算法,还是本章改进的算法,均展现出了不错的效果。所有网络模型的 mAP 均超过了 75%,本章改进的网络模型的 mAP@0.5 为 96.78%,均优于其他网络模型。

4.4.4　可视化结果对比

　　各种主流算法识别绝缘子目标的结果图如图 4-10 所示。

(a)　　　　　　　　　　　(b)　　　　　　　　　　　(c)

图 4-10　各种主流算法识别绝缘子目标的结果图

(a) 原图;(b) SSD;(c) Faster R-CNN;(d) YOLOv5;(e) YOLOv7;(f) Ours

(请扫Ⅱ页二维码看彩图)

(d)   (e)   (f)

图 4-10(续)

由图 4-10 可知,本次实验采用的主流对比算法均展现出了较高的检测精确性,能够良好地识别检测图像中清晰可见的绝缘子目标。但是,当部分绝缘子因遮挡而造成视觉信息缺失时,相较于其他现有的主流算法,本章改进算法能够有效地识别并识别检测出更多被遮挡的绝缘子,从而减少发生漏检现象,验证了提出的改进算法的有效性。

4.5 本章小结

本章提出一种用于绝缘子识别任务改进的 YOLOv7 网络,解决了已有算法存在的准确率低的问题。添加轻量化的 ECA 模块,避免模型计算能力向无价值的部分进行偏移,选择性地加强重要特征并抑制无用特征,降低图像干扰信息的影响;使用轻量级的通用上采样算子 CARAFE 模块作为上采样算子,精准定位轮廓的同时更好地保留图片的语义信息,使上采样过程更加全面且高效;引入双向特征金字塔,跨尺度融合不同层特征值,改善因下采样造成的细节特征丢失、特征融合不充分问题,提高网络对特征信息的提取能力。利用 K 均值算法对标记框进行聚类,使系统自动生成的预测框和绝缘子尺度相匹配,提高模型的检测效果。改进后的 YOLOv7 网络相对于 YOLOv7 基础网络,在 P、R 和 mAP@0.5 方面均有所提升,由此可知,该方法可提供更加精确的绝缘子识别结果。

参考文献

[1] 戚玲珑,高建瓴. 基于改进 YOLOv7 的小目标检测[J]. 计算机工程,2023,49(1):41-48.

[2] WANG Q,WU B,ZHU P,et al. ECA-Net:Efficient channel attention for deep convolutional neural networks[C]. 2020 IEEE/CVF Conference on Computer Vision and Pattern Recognition (CVPR),Seattle,2020:11534-11542.

[3] LIU S,QI L,QIN H F,et al. Path aggregation network for instance segmentation[C]. 2018 IEEE/CVF Conference on Computer Vision and Pattern Recognition,Salt Lake City,2018:

8759-8768.

［4］ TAN M X，PANG R M，LE Q V. Efficientdet：scalable and efficient object detection［C］. 2020 IEEE/CVF Conference on Computer Vision and Pattern Recognition（CVPR）， Seattle，2020：10778-10787.

［5］ 刘进军，李磊磊，张昊宇，等.基于改进 YOLOv7 算法的建筑垃圾分类检测［J］.环境工程学报，2024，18(1)：270-279.

［6］ TAO X，ZHANG D P，WANG Z，et al. Detection of power line insulator defects using aerial images analyzed with convolutional neural networks［J］. IEEE transactions on systems， man，and cybernetics：systems，2018，50(4)：1486-1498.

［7］ 梁秀满，李然，于海峰，等.改进 YOLOv7 的水下目标检测算法［J］.计算机工程与应用，2024，60(6)：89-99.

［8］ 王婷.基于 SSD 的航拍图像中绝缘子识别与定位研究［D］.北京：华北电力大学，2022.

［9］ 程海燕，翟永杰，陈瑞.基于 Faster R-CNN 的航拍图像中绝缘子识别［J］.现代电子技术，2019，42(2)：98-102.

［10］ 王素珍，赵霖，邵明伟，等.基于改进 YOLOv5 的输电线路绝缘子识别方法［J］.电子测量技术，2022，45(21)：181-188.

第  章

基于改进的YOLOv5输电线路异物检测算法

5.1 目标检测概述

目标检测是指对输入图像进行目标物体检测,并对目标物体进行分类及定位的工作,是计算机领域中所需要克服的困难之一。随着计算机视觉技术的发展,目标检测已成为图像处理与分析等众多学科的研究热点,也是人工智能、模式识别、生物医学工程和人机交互等方面重要的课题之一。目标物体具有不同的外观和形状,结合采集数据集时的光照、遮挡和噪声等干扰问题,对目标进行检测时较为困难,因此,在机器视觉领域中,目标检测始终是一个极具挑战的问题。机器视觉领域关于图像识别主要分为图像分类、定位、检测和分割四大类,而目标检测的核心问题主要是分类、定位、大小和形状的问题,因此根据检测任务,可以将检测算法主要分为两大类,即两阶段目标检测算法和单阶段目标检测算法。

5.2 基于深度学习网络的目标检测算法研究

以智能巡检为导向的目标巡检方法主要是对待巡检目标进行特征提取,然后对目标分割与识别,但它的检测精度通常很难得到保障。深度学习理论于 2006 年研发出来,给以视觉为核心的目标检测领域带来了全新的生机[1],实质上其是通过构造一个多层神经网络来实现,从外部输入数据中提取特征,然后再进行识别的过程。与传统的图像处理相比,深度学习具有更强的数据处理能力及泛化性能。历经多年发展,深度学习对图像的研究已成绩斐然,以卷积神经网络为基础的网络架构,从图像分类、目标检测、目标跟踪、语义分割等方面进行实例分析,并在其他方面也都显示出良好的结果[2]。其中,基于卷积神经网络层间级联的网络结构具有较好的性能优势,因此成为当前研究热点之一。当前基于深度学习目标检测算法

分为两阶段目标检测算法和单阶段目标检测算法。其中,两阶段目标检测算法主要通过计算每个像素到其邻域内所有像素点间的相似度实现,该方法需要大量的样本数据才能达到较好的检测效果,如 R-CNN[3]、Fast R-CNN[4]、Faster R-CNN[5] 等是典型的两阶段目标检测算法,这类算法首先生成候选区域,然后分类和位置回归,因此这类算法准确率较高,但检测速度不够快[6]。此外,每个帧都需要经过候选框生成环节,导致该过程耗时较长。于是,Redmon 等[7] 提出了 YOLO[7]、YOLOv2[8]、单阶段算法,如 YOLOv3[9],放弃生成候选框的阶段,直接将对象分类,回归操作,目标检测算法实时检测速度有所提高。下面具体介绍几种传统的目标检测算法。

5.2.1　Faster R-CNN 目标检测算法

Faster R-CNN 是典型的两阶段目标检测算法,该算法的流程属于传统的目标检测算法流程,首先生成候选区域,再对区域内的目标物体进行识别和回归,得到准确的定位框位置。该算法主要由特征提取网络、ROI pooling 结构、RPN 和全连接层构成,其算法结构图如图 5-1 所示。第一步,输入图像,将整幅图像输入卷积神经网络进行特征提取。随后把产生的特征图转移到 RPN 中,实现全连接层共享,获得更加精确的候选框,在卷积神经网络末层卷积特征图中映射推荐窗口。第二步,在第一步中提取出候选图像后进行特征提取。第三步,通过 ROI pooling 层得到固定大小的特征图。第四步,采用随机森林算法进行模型预测。第五步,利用 Softmax Loss 与 L1 Loss 进行分类概率与边框回归的共同训练,获得最终的结果。

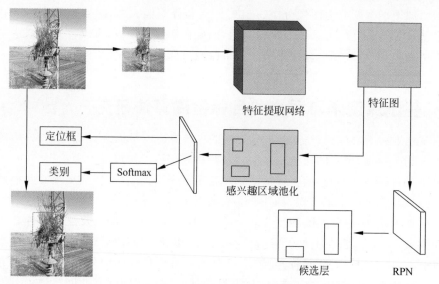

图 5-1　Faster R-CNN 算法结构图

（请扫Ⅱ页二维码看彩图）

Faster R-CNN 将候选区域生成模块和特征提取模块联合起来放到同一个网络中，因此在一定程度上提升了目标检测的速度。该算法提出了新的特征提取网络——RPN，在特征提取的过程中能更好地提取到目标物体的边缘特征，其分为两个分支：第一个分支通过 Softmax 分类得到对应锚点的前景和背景；第二个分支用于计算预测锚点与真实框之间的偏移坐标量，以获得建议的准确度。RPN 结构图如图 5-2 所示。RPN 大幅提高了 Faster R-CNN 目标检测算法的精度。

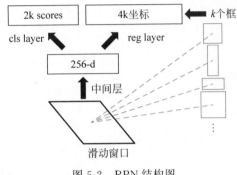

图 5-2　RPN 结构图

5.2.2　SDD 目标检测算法

SDD(single shot multiBoxdetector，多分类单次检测器)网络是基于回归方法的一种典型的单阶段目标检测器。SDD 目标检测算法框架图如图 5-3 所示。SDD 算法以 VGG16 为主干网络，用卷积层代替全连接层，输入图像直接在卷积层进行目标预测，SDD 算法参考 Faster R-CNN 算法的边界框策略，利用大面积特征图对小目标进行检测，小尺寸特征图对大目标进行探测，大幅提高了网络的训练效率和检测的准确率。

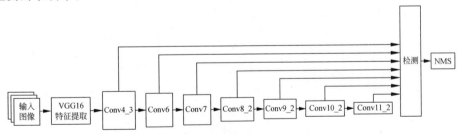

图 5-3　SDD 目标检测算法框架图

SDD 检测网络在最后输出的时候借鉴了 Faster R-CNN 算法中的边界框策略，直接使用卷积层提取所有的特征图，得到图像中目标物体的位置坐标和概率，SDD 检测模型的先验框示意图如图 5-4 所示。其过程需要获取图像及每个目标物体的真实边框,使其通过 SDD 网络时,为每个特征图生成不同数量和大小的先验框,每个先验框都会输出包含各类别边框位置和置信度的检测值,边界框的信息如图 5-4(c)中可以表示为 (cx,cy,w,h)。SDD 检测网络虽然采用多尺度方法完成目标检测,但是并不能得到足够浅的特征层的目标信息,因此网络在检测小目标物体时特征信息不明显,检测性能并未有太大提高。

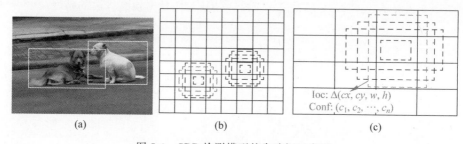

(a)　　　　　　　　　(b)　　　　　　　　　(c)

图 5-4　SDD 检测模型的先验框示意图

(a) image with GT boxes;(b) 8×8 feature map;(c) 4×4 feature map

(请扫Ⅱ页二维码看彩图)

5.2.3　YOLO 目标检测算法

与 Faster R-CNN 和 SDD 目标检测算法不同的是,YOLO 目标检测采用一个单独的 CNN 模型实现端到端的目标检测,其将图像直接输入卷积神经网络后,得到的 3 部分输出信息分别是目标物体的具体位置信息、待检测目标物体的置信度得分和预测框内所含目标的类别概率。YOLO 目标检测算法的检测过程如图 5-5 所示。

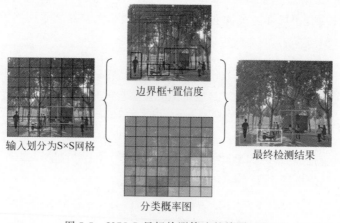

输入划分为S×S网格　　　边界框+置信度　　　最终检测结果

分类概率图

图 5-5　YOLO 目标检测算法的检测过程

(请扫Ⅱ页二维码看彩图)

　　YOLO目标检测算法属于one-stage的目标检测方法。传统的R-CNN、Fast R-CNN和Faster R-CNN算法属于two-stage算法,这一系列算法首先生成目标物体的候选框,然后使用卷积神经网络提取目标物体的特征信息,最后进行回归操作对目标物体分类,而YOLO目标检测算法将这个过程简单化直接输入图像得到输出结果,这样虽然提高了算法的检测速度,却也会造成检测精度的损失。2017年,Redmond等[11]改进YOLO目标检测算法得到了YOLOV2算法,该算法使用了一个实时检测框架,使用数据集组合方法和联合训练方法,扩展到能够检测9 000种不同的对象,从预测更准确、速度更快和识别对象更多3个方面做了改进。

　　Redmon等[12]于2018年对YOLOv2进行改进,提出YOLOv3算法。该方法利用多个不同尺度下的局部特征对图像进行描述和分类,并通过训练得到分类器实现对目标的准确定位。在YOLO系列之中,YOLOv3是最经典的一款,它在YOLOv2中加入了一个特征金字塔[10],使之具有自顶向下多级预测结构,加强网络对小目标的检测。其次,该算法提出了新的DarkNet-53骨干网络,DarkNet-53中引入了Resnet残差网络,当卷积网络不断加深时,残差网络能够保证整体的收敛性。

　　2020年,YOLOv4和YOLOv5目标检测算法相继发布,并成为目前应用较为广泛的算法。YOLOv4目标检测算法在YOLOv3的基础上在网络中加入CSP网络,并使用PANet网络进行多层次特征融合,此方法进一步提升了目标检测精度。YOLOv5算法则使用自动学习锚框的方法代替K均值聚类方法,并采用多种数据增强的方法增强了算法的鲁棒性能。YOLO目标检测算法的检测速度和精度在目标检测算法发展中都有了较大的提升。

5.3　基于改进的YOLOv5输电线路异物检测

　　输电线路异物检测主要是对数据集的处理及目标检测模型的训练两个方面的工作进行研究。黄李磊[13]针对电线塔异物的检测,提出了基于粗-精搜索策略的方法,文献中介绍了该方法在输电线路杆塔安全监测中应用的原理及实现步骤。该方法针对异物通常在电线塔杆横担区域内,通过先将高压塔架粗略定位,再精细搜索异物候选区与基于异物颜色的统计特征,筛选出高置信度的地区,去除绝大多数噪声,有效降低漏检和误检现象发生,该方法提高了异物检测精度和检测效率,但在背景复杂的情况下仍存在较高的误检率。任贵新[14]基于小波分析的基本原理,针对输电线线性边缘对比度问题,提出一种增强方法,加强线性边缘的目的性,与全局性的图像对比度增强方法相比,其更利于输电线的边缘提取。为了解决无人机影像光照不均的问题,赵晓鹏[15]进行了研究有噪声影响问题等,对图像的灰度化问题进行了研究,分析了直方图均衡化、中值滤波、高斯滤波和其他算法预处理后的图像,并在此基础上提出一种基于改进分水岭和边缘检测相结合的方法,以解决异物存在时输电线识别问题,同时设计一种异物存在时输电线路提取算法,图像预处理后,用迭代阈值法分割图像,利用数学形态学和连通区域管理相结合的方法,去除了分割出的背景对分割的影响,最后用概率霍夫变换提取直线,并对该算法进行了实验。

在基于深度学习的输电线路异物检测方法中,为了解决 YOLO 的检测不准确问题,周豪[16] 提出了 YOLOv3-Rep VGG 算法,提高了输电线路异物检测的准确性。该算法通过改造骨干网络实现,添加了 Rep VGG 个数及多尺度目标检测框,并且为了解决现有算法训练时间过长和准确率低的问题,引入了反向传播神经网络结构,进行优化设计。实验证明,改进网络是有效的,对于小目标,明显提高了检测性能,但所使用的数据集较少。目前,该方法尚未对多种场景下输电线路异物进行系统分类,因此,有必要加入不同情景,不同视角的数据集,以增强模型检测能力。郝帅等[17] 提出基于改进 YOLOv3 的输电线路故障检测算法,将卷积块关注模型融入 YOLOv3 算法框架下,增强图像故障目标区域显著程度,再引入高斯函数,改进了非极大值的抑制问题,减少了有局部遮挡目标漏检率。该方法对光照变化和噪声有较强鲁棒性,但是计算量较大且容易产生过分割现象,导致其实用性受到一定影响。Li 等[18] 通过改进 YOLOv3 网络,使用 Mobilenetv2 网络代替 Darknet-53 作为主干网络,并且利用深度可分离卷积替换检测头上 3×3 卷积核,同时采用全卷积一级目标检测(fully convolutional one-stage object detection, FCOS)类编码和解码方案来降低网络复杂性。实验表明,与其他现有模型相比,该方法改进的模型具有更小的模型尺寸和更高的检测速度。Liu 等[19] 介绍了一种基于 YOLOx-S 的信息聚合算法,该算法通过在特征图中聚集空间信息和信道信息来增强相关特征并抑制不相关特征,以提高检测精度。然而,这些方法的检测精度不高,并不能满足检测速度和精度之间的平衡。

5.3.1　基于 YOLOv5 网络的目标检测算法

YOLOv5 网络结构图[20] 如图 5-6 所示,在输入端,使用 Mosaic 进行数据增强。根据训练数据,基于所述初始锚框输出预测框,并在真实框内与 ground truth 进行对比。计算两者间的距离后,再反向更新,同时自适应地填充并缩放原始图片至统一大小,之后进入主干网络(Backbone),提高算法检测速度。该方法对光照变化和噪声有较强鲁棒性,但是计算量较大,并且易产生过分割现象,导致其实用性受到一定影响。

Mosaic 数据增强算法使用的方法是从数据集上随机抽取 4 个图像样本,通过随意地裁剪、缩放、组合等方法进行拼接,合并成一幅全新的图像,通过此方法增强了网络检测的稳定性。在向 YOLOv5 网络输入图像后,网络采取自适应图像缩放的方法,需要计算收缩比、收缩后图像的长宽、需要填充的像素,最后得到适合 YOLOv5 网络的图像样本,同时 YOLOv5 网络将自适应锚框计算引入整个网络当中,通过这种自适应的形式,使 YOLOv5 网络无论训练哪种数据集都能得到最佳的锚框值。YOLOv5 网络结构图如图 5-6 所示。

主干网络部分主要是由 Focus 结构和 CSP 结构组成的。Focus 模块直到图像被输入主干网络才开始特征图片的切片操作,首先把 $640 \times 640 \times 3$ 的图像转变成 320×12 的特征图[21],然后进行 3×3 卷积操作,构成 $320 \times 320 \times 64$ 的特征图,当进行下采样时,最大限度地保留原图特征信息,具体操作如图 5-7 所示。Focus 操作跟普通的下采样相比在保障图片特征信息损失减少的前提下完成了双倍的下采样操作,当检测任务中存在小目标时,能够有效保留图像中小目标的特征信息,减少主干网络部分小目标图像信息丢失过多的问题。同时,在 CSP 模块中,基础层特征映射分为上下两层,再经过跨阶段的层次结构进行融合,降低计算量,提高算法的准确率。

YOLOv5 网络的颈部结构采取多尺度特征金字塔 FPN+PANet 的结构[22](图 5-8),此结构是通过融合特征金字塔网络和路径聚合网络两个操作完成的。FPN 从上至下采样深层特征图,以及对浅层特征的整合,对特征图语义信息进行强化;而 PANet 则自下而上地把具有较强位置信息的浅层特征图下采样和深层特征图重新合并,为了提高颈部网络特征融合能力,多次特征提取后得到的目标特征图含有的语义信息更加丰富,有利于目标的分类,大的特征图具有更丰富的定位信息,FPN 和 PANet 的结合提高了目标分类的准确度和精准定位能力。

在 YOLOv5 网络的目标检测任务中,为了让模型中的预测框更接近真实框,对损失函数进行了改进,改进后的损失函数包括分类损失、置信度损失和边界框的定位损失,其计算公式为

$$\text{Loss} = \text{loss}_{\text{cls}} + \text{loss}_{\text{obj}} + \text{loss}_{\text{box}} \tag{5-1}$$

式中,loss_{cls} 为分类损失,计算锚框与对应的标定分类是否正确;loss_{obj} 为置信度损失,计算网络置信度;loss_{box} 为定位损失,预测框与标定框的误差。分类损失用于计算目标被分类后的损失,由二值交叉熵损失函数构成。置信度损失函数同样由二值交叉熵损失函数表示表格中有否有目标物体损失,0 为无目标损失,1 则为有目标损失。最后,YOLOv5 以 GIOU_Loss 作为边界框回归的损失函数,其计算公式为

$$F_{\text{Loss}} = 1 - \text{IOU} + \frac{|C/(A \cup B)|}{|C|} \tag{5-2}$$

式中,F_{Loss} 表示损失函数;IOU 表示交并比;A 表示标注框;B 表示预测框;C 表示预测框与标注框的最小外接矩形面积;$A \cup B$ 表示预测框与标注框的并集,其示意图如图 5-9 所示。

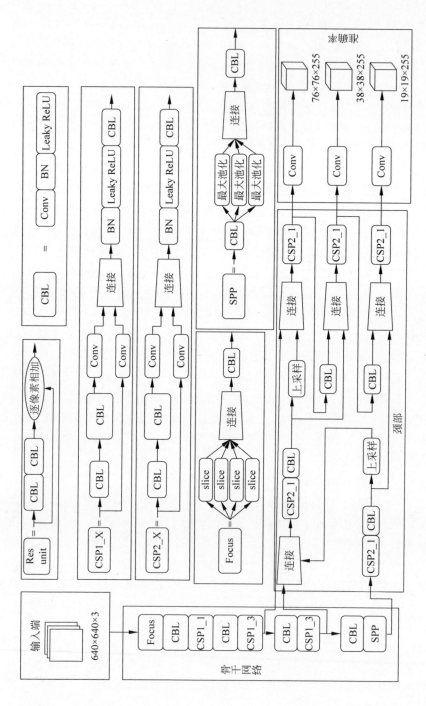

图 5-6 YOLOv5 网络结构图

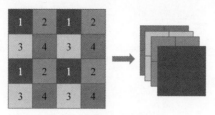

图 5-7 Focus 切片操作

（请扫Ⅱ页二维码看彩图）

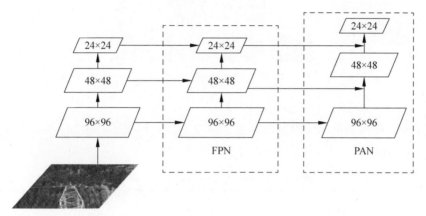

图 5-8 FPN+PAN 结构

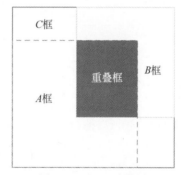

图 5-9 GIoU 示意图

（请扫Ⅱ页二维码看彩图）

基于 YOLOv5 网络的输电线路异物检测流程图如图 5-10 所示，将待测图片作为输入通过 YOLOv5 网络，通过自适应缩放图片得到规定的大小，之后对图片进行特征提取，找到目标物体，最后输出目标检测结果。

5.3.2 改进主干网络的 YOLOv5 算法

为了提高目标检测网络的检测速度，本章提出了一种采用 Mobilenetv2 网络

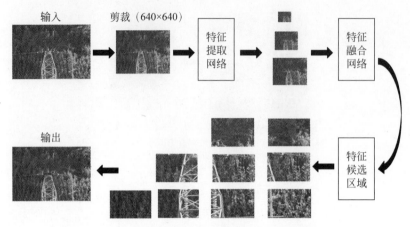

图 5-10　基于 YOLOv5 网络的输电线路异物检测流程图

（请扫Ⅱ页二维码看彩图）

作为 YOLOv5 网络的主干网络的方法。将 YOLOv5 网络的 CSP-Darknet53 结构替换为 Mobilenetv2 结构，其详细结构如表 5-1 所示。

表 5-1　Mobilenetv2 网络的结构和参数

名　　称	结　　构
Conv	Conv321
	BatchNorm
	ReLU6
expanded_conv～ expanded_conv_16	图 5-11
Conv_1	Conv110
	BatchNorm
	ReLU6

Mobilenetv2 结构由卷积层（Conv）、批归一化层（batch normalization，BN）和激活层修正线单元（rectified linear unit，ReLU6）组成，该模块的详细结构如图 5-11 所示。在图 5-11 中，它由两个逐点（pointwise，PW）卷积和一个深度（depthwise，DW）卷积组成。该模块以指数方式减少卷积层的复杂性。因此，改进后的 YOLOv5 网络有效地减少了算法级别的存储和计算量，并提高了传输线路中

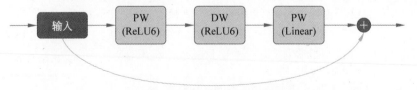

图 5-11　倒置残余模块示意图

异物的检测速度。与第 1 章文献［87］中的 MobileNetv2 结构不同的是，本章使用的结构移除了最终平均池化层和完全连接层，因为这两层主要用于图像分类，因此不需要应用于目标检测的网络结构中。

5.3.3　融入 SENet 注意力机制的 YOLOv5 算法

在改进 YOLOv5 网络模型的结构的基础上加入 SENet 模块，该模块利用全局平均池化，在数据集图像中执行特征图压缩操作，减少特征维度，然后用 ReLU 函数启动，之后使用全连接层返回原始维度，这样不仅能更好地拟合通道复杂性之间的联系，还可以极大地减少参数量，并减少计算量。由 Sigmoid 函数得到归一化权重后，利用 Scale 运算对各通道加权归一化权重，输出与输入特征相同个数的权值。SENet 模块示意图如图 5-12 所示。

改进的 YOLOv5 网络的主干网络由 CSP-Darknet53 结构替换为 Mobilenetv2 结构。图 5-13(a)所示为 Mobilenetv2 网络结构，这种结构简单地包括点卷积加上深度卷积再加上点卷积，并且主干网络以目标物体特征信息提取为主线，在所述第二深度卷积与点卷积之间的空隙中插入 SENet 模块，对深度卷积后的特征数据和输入注意力机制获得的权重系数进行相乘融合，最后输入点卷积获得最终输出。为了验证本章提出的算法的有效性，下面对两个不同场景下的实验结果进行对比分析，它的融合结构图如图 5-13(b)所示。

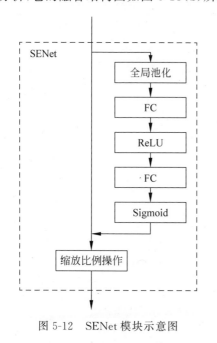

图 5-12　SENet 模块示意图

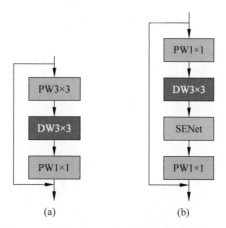

图 5-13　融入 SENet 注意力机制网络结构图
（a）Mobilenetv2 基本结构；（b）融合 SENet 结构
（请扫Ⅱ页二维码看彩图）

5.3.4　改进多尺度融合的 YOLOv5 算法

在 YOLOv5 网络模型下对输电线路异物进行检测,尽管检测速度很快,但是当识别小目标的时候,结果并不好。为了提高检测精度和效率,提出了一种改进方法,即利用多尺度卷积神经网络来提取特征信息。在 YOLOv5 模式下,原始图像经过 8 倍、16 倍、32 倍下采样后送到特征融合网络在检测层得到小尺寸(13×13)、中尺寸(26×26)、大尺寸(52×52)的特征图,3 种尺寸的特征图用来检测不同大小的目标,YOLOv5 原始特征提取模型如图 5-14 所示。

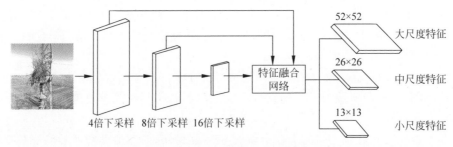

图 5-14　YOLOv5 原始特征提取模型

对于卷积神经网络而言,通过深层卷积得到的特征图语义信息虽然很丰富,但失去了位置信息,并且对于目标位置信息也不准确,因此在原算法中加入下采样,有利于对小目标进行探测。通过分析深度卷积与局部结构张量之间的关系,本章提出一种基于多尺度下采样和自适应权重的优化方法来增强网络结构,提高了目标识别的精确度。原始图像经过 4 倍、8 倍、16 倍、32 倍下采样后送到特征融合网络得到小尺寸(13×13)、中尺寸(26×26)、大尺寸(52×52)以及新尺寸的特征图,4 种尺寸的特征图用来检测不同大小的目标,改进模型如图 5-15 所示。对所得新的尺寸特征图进行改进,有助于更好地研究小目标特征,使探测小目标位置更精确,由于特征图的感受视野较少,提高了小目标检测的准确率。

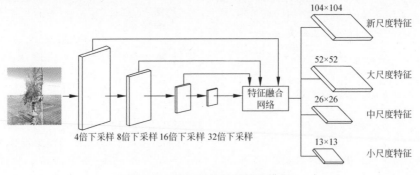

图 5-15　改进后的特征提取模型

5.4 实验过程

5.4.1 实验环境

输电线路异物的检测是基于深度学习来完成的，因此需要配置较好的软件和硬件环境。本章实验选择 Windows10 操作系统，在 Python 软件中搭建实验使用的环境。由于 Python 中有庞大的功能库，深度学习网络使用时方便、快捷，下载好直接调用即可使用。本章深度学习网络模型使用改进的 YOLOv5 网络。输电线路异物检测时需要深度学习网络训练大量图像，因此使用 NVIDIA GeForce RTX 3090 作为图像加速器，加快网络检测速度。

5.4.2 实验数据及其预处理

由于国家电力行业的特殊性，有关的开源数据集几乎没有，因此需要研究人员利用设备拍摄并构建数据集。本章要检测的输电线路异物主要分类为鸟巢、气球、风筝和塑料薄膜等小目标物体，输电线路异物数据的来源主要来自无人机航拍图像和网站搜索。为了保障检测数据集具有广泛性，构建的数据集图像中目标物体不一定要单一存在，可以同时存在以上好几类目标物体，同时也应包含多种不同的背景，如树木、蓝天、楼房建筑、山川、河流等；还有不同的天气情况，如阴天、下雨天、晴天、雪天、雾天等，同时图像也可以从不同角度、不同的遮挡角度进行分析，以提高其广泛性能。由于数据集的收集方式不同，实验收集到的图像大小各异，格式也不尽相同。为了后面做实验方便，下面将所有图像统一修改为 JPG 格式，命名格式从"000000"开始，依次排序，如图 5-16 所示。

数据集修改好格式后，接下来对图像中的目标物体进行统一标注，同时为了方便目标检测过程，可根据标注信息识别出目标物体的位置和类别。目前，标注工具有 LabelImg、CVAT、VOTT、Vatic 等，本章使用 LabelImg 对数据集图像进行标注，该软件是最常用的标注工具，使用 Python 和 Qt 编写，使用不同颜色的框对不同的目标物体进行标注，然后选择目标物体相对应的标签保存即可完成标注操作，标注好的图片以 xml 格式保存，LabelImg 标注工具界面如图 5-17 所示。

基于深度学习的目标识别需要大量的数据，应选择合适的训练数据，数据的多少不仅影响着目标检测模型是否会过拟合的问题，甚至还会影响模型收敛的问题。本章采集到能使用的输电线路异物数据集过小，其中包含鸟巢图像 202 张、气球图像 331 张、风筝图像 299 张、塑料薄膜图像 535 张，这些图像大多背景相似，但有不同角度和不同大小的区别。在基于深度学习网络训练时，使用大量无规律的数据集将造成数据冗余，所以本章在自制数据集上做了扩充，扩充后的数据集还能防止

此电脑 › Save_path (E:) › 百度网盘文件 › SFID › SFID › images › train

名称 ^	日期	类型	大小	标记
000000.jpg	2022/1/5 15:58	JPG 文件	834 KB	
000001.jpg	2022/1/5 15:59	JPG 文件	1,672 KB	
000002.jpg	2022/1/5 15:59	JPG 文件	2,534 KB	
000003.jpg	2022/1/5 16:00	JPG 文件	1,164 KB	
000004.jpg	2022/1/5 16:00	JPG 文件	1,336 KB	
000005.jpg	2022/1/5 15:58	JPG 文件	1,482 KB	
000007.jpg	2022/1/5 16:00	JPG 文件	882 KB	
000008.jpg	2022/1/5 16:00	JPG 文件	1,314 KB	
000009.jpg	2022/1/5 16:00	JPG 文件	1,682 KB	
000011.jpg	2022/1/5 16:00	JPG 文件	2,033 KB	
000012.jpg	2022/1/5 15:59	JPG 文件	1,560 KB	
000014.jpg	2022/1/5 15:59	JPG 文件	1,719 KB	
000015.jpg	2022/1/5 15:59	JPG 文件	1,855 KB	
000017.jpg	2022/1/5 15:59	JPG 文件	2,326 KB	

图 5-16　更改名称和格式之后的数据集

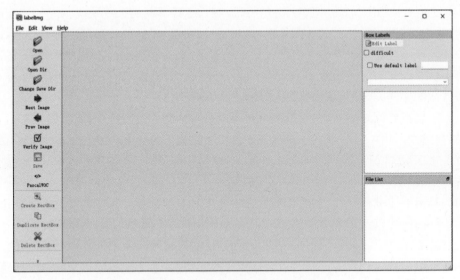

图 5-17　LabelImg 标注工具界面

训练模型过拟合。本章使用的数据增强的方法主要是翻转、裁剪、旋转、缩放等操作，经过数据增强后的部分图像如图 5-18 所示。

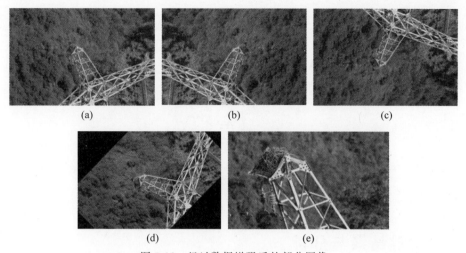

图 5-18　经过数据增强后的部分图像

（a）原始图片；（b）水平翻转；（c）垂直翻转；（d）±45°翻转；（e）剪裁

（请扫Ⅱ页二维码看彩图）

本章通过数据增强方法扩增数据集，通过数据增强方法对原始样本进行数据扩展，形成增强的训练样本，以防止过度拟合和停止学习特征现象出现，提高其泛化能力和鲁棒性。扩增后数据集分为 4 类，共 6 805 张图像，然后将数据集按照训练模型要求以训练集、验证集、测试集为 7∶1∶2 的分配进行训练。

5.4.3　评价指标

为验证输电线路异物检测模型的性能，本章选用准确率（P）、召回率（R）、平均精度值（AP）、平均精度均值（mAP）来评价模型的检测性能[6]。

（1）准确率：P 代表了一个类别 C 在一幅图像被模型正确识别出来的个数（number of true positives，NTP）占该图像上被模型识别出类别为 C 的目标总数 ［NTP 与一幅图像上被模型错误识别为类别 C 的目标个数（number of false positives，NFP）之和］，其计算公式为

$$\begin{cases} R = \dfrac{\text{NTP}}{\text{NTP} + \text{FN}} \\ P = \dfrac{\text{NTP}}{\text{NTP} + \text{NFP}} \end{cases} \tag{5-3}$$

式中，FN：真实情况中是正例，但被模型错误地预测为了负例。

（2）平均精度：AP 为测试集全部图像中一类的平均准确率，其计算公式为

$$\text{AP} = \frac{\sum\limits_{i=1}^{n} p_i}{n} \tag{5-4}$$

式中，n 为测试集图片数量；i 为测试集中第 i 张图像；p_i 为第 i 张图像某一类别的准确率。

（3）平均精度均值：mAP 为测试集全部图像全部类平均准确率总和平均值，其计算公式为

$$mAP = \frac{\sum_{k=1}^{N} AP_k}{N} \tag{5-5}$$

式中，N 为目标类别数目；k 表示第 k 个类别；AP_k 表示第 k 个类别在测试集所有图像上的平均准确率。

5.5　实验结果与分析

本章实验首先将改进前后算法得到的各项指标结果进行对比分析，为了更客观地评价改进后的模型，进行了消融实验，并且在同一数据集上使用不同算法对比，实验结果证明了本章算法在不同指标上都有了明显的提升。

与原始 YOLOv5 算法训练数据曲线进行比较后发现，本章实验结果如图 5-19 所示。实验结果表明，本章提出的方法能够有效地改善图像质量，并且具有良好的可扩展性。由此可见，本章算法在 mAP、AP、R 3 个指标上均有一定提高：AP 达到了 92.7%，原 YOLOv5 算法的 AP 为 85.4%，提升了 7.3%。同时，本章还对优化后的模型进行性能测试。在图 5-19 中，mAP 的值是 92.1%，R 从 88.3% 上升到 92.4%，提升了 4.1%。各项指标的收敛速度均显著优于 YOLOv5 算法，本章算法在迭代到 200 轮左右时，各项指标都已基本趋于一致。由各项指标的改进可知，本章算法具有有效性。

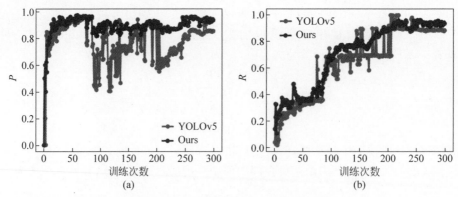

图 5-19　mAP、Precision、Recall 对比图

（a）Precision 训练图；（b）Recall 训练图；（c）mAP@0.5 训练图

（请扫 Ⅱ 页二维码看彩图）

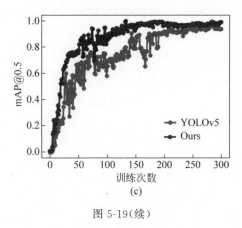

(c)

图 5-19(续)

为了进一步研究本章算法中提出的改进措施对模型的影响,下面进行消融实验,其结果如表 5-2 所示。

表 5-2　不同方法组合对模型的影响

SENet	特征融合	Mobilenetv2	mAP/%	时间/s
			88.7	0.080
√			90.5	0.083
	√		89.0	0.082
		√	86.5	0.070
√	√		91.6	0.085
√		√	90.1	0.075
	√	√	88.7	0.073
√	√	√	92.1	0.078

在表 5-2 中,"√"显示训练中增加这种改进方法。由表 5-2 可知,本章算法具有 92.1% 的准确性,与原有 YOLOv5 算法训练的 88.7% 相比,得到了显著提高。同时,该算法对噪声不敏感,具有较强的鲁棒性和较强的抗误判性,能有效地减少网络模型复杂度。另外,对加入 SENet 的算法和原始 YOLOv5 进行比较可以看出,添加 SENet 算法的准确率得到了显著提高,达到 3.8%,验证了 SENet 注意力机制的有效性。由于在模型中增加了注意力机制,检测速度略有所变慢,但是 Mobilenetv2 结构恰好弥补了这一不足,加快了检测速度。

为了说明本章算法相较于其他目标检测算法的优越性,下面使用与本章相同的数据集,分别在 YOLOv3、Faster R-CNN、SDD 等其他常用于目标检测的算法模型上进行训练,并将它们的结果汇总比较,具体数据如表 5-3 所示。本章算法的平均精确度远比 SDD 算法高。Faster R-CNN 模型虽然精度表现不俗,但检测时间过长。YOLOv3 算法表现同样不如 YOLOv5 与本章改进后的算法。结合前文与原 YOLOv5 算法的比较可以看出,本章算法在输变电故障检测总体上还是明显优于其他算法的。

表 5-3　不同算法训练结果

算　法	mAP/%	时间/s
Faster R-CNN	88.3	2.875
SDD	85.2	0.068
YOLOv3	87.9	0.051 4
YOLOv5	88.7	0.080
本章算法	92.1	0.078

为了验证本章的算法,下面选取目标特征不明显的场景进行测试验证,如图 5-20 和图 5-21 所示。图 5-20 所示为测试验证图集的实例,图 5-21 所示为测试的检测结果图例,从图中结果可以看出,本章改进的算法可以检测出目标不明显的数据,但是也依然存在漏检和错检的情况。

图 5-20　测试验证图集

(请扫Ⅱ页二维码看彩图)

图 5-21 检测验证结果图

（请扫Ⅱ页二维码看彩图）

5.6 本章小结

针对输电线路异物检测,本章提出一种基于改进 YOLOv5 网络结构的输电线路异物检测方法,将主干网络中的 CSP-Darknet53 结构替换为 Mobilenetv2,同时增加了 SENet 注意力机制,并且在原尺度检测中加入了更加适用于小目标尺度检测的改进网络结构。同时,该算法对噪声不敏感,具有较强的鲁棒性和较强的抗误判性,能有效地减少网络模型复杂度。通过对试验结果的比较,本章改进后的算法无论是准确率还是检测速度均得到了明显提高,这两项指标在输变电故障检测由人工巡检向机器人作业过渡中显得格外重要,使电力系统的智能化程度得到提升。

参考文献

[1] 徐舒玮,邱才明,张东霞,等.基于深度学习的输电线路故障类型辨识[J].中国电机工程学报,2019,39(1): 65-74,321.

[2] 潘浩.输电线路巡检图像故障检测算法和软件设计[D].武汉: 华中科技大学,2019.

[3] GIRSHICK R,DONAHUE J,DARRELL T,et al. Rich feature hierarchies for accurate

object detection and semantic segmentation[C]. 2014 IEEE Conference on Computer Vision and Pattern Recognition,Columbus,2014：580-587.

[4]　GIRSHICK R. Fast R-CNN[C]. 2015 IEEE International Conference on Computer Vision (ICCV),Santiago,2015:1440-1448.

[5]　REN S,HE K,GIRSHICK R,et al. Faster R-CNN：towards real-time object detection with region proposal networks［J］. IEEE transactions on pattern analysis & machine intelligence,2017,39(6):1137-1149.

[6]　崔江波,侯兴松.基于注意力机制的 YOLOv4 输电线路故障检测算法[J].国外电子测量技术,2021,40(7)：24-29.

[7]　REDMON J,DIVVALA S,GIRSHICK R,et al. You only look once：unified,real-time object detection[C]. 2016 IEEE Conference on Computer Vision and Pattern Recognition (CVPR),Las Vegas,2016：779-788.

[8]　REDMON J,FARHADI A . YOLO9000：better,faster,stronger[J]. 2017 IEEE Conference on Computer Vision and Pattern Recognition (CVPR),Honolulu,2017:6517-6525.

[9]　REDMOM J,FARHADI A. YOLOv3：an incremental improvement[EB/OL]. (2018-04-08)[2018-05-08]. https://arxiv. org/pdf/1804. 02767.

[10]　黎学飞,童晶,陈正鸣,等.基于改进 YOLOv5 的小目标检测[J].计算机系统应用,2022,31(12)：242-250.

[11]　Joseph Redmon,Ali Farhadi,YOLO9000：Better,Faster,Stronger,arxiv：1612. 08242VI[CSCV](ICCV)2016.

[12]　Joseph Redmon,Ali Farhadi,YOLOv3：An Incremental Improvement,Computer Vision and Pattern Recognition,2018.

[13]　黄李磊.输电系统智能异物检测技术研究[D].上海：上海交通大学,2017.

[14]　任贵新.输电线路覆冰及异物智能视频检测算法研究[D].哈尔滨：哈尔滨理工大学,2019.

[15]　赵晓鹏.输电线路异物检测研究[D].太原：太原科技大学,2019.

[16]　周豪.电力输电线路异物检测方法研究[D].重庆：重庆理工大学,2021.

[17]　郝帅,马瑞泽,赵新生,等.基于卷积块注意模型的 YOLOv3 输电线路故障检测方法[J].电网技术,2021,45(8)：2979-2987.

[18]　LI H,LIU L,DU J,et al. An improved YOLOv3 for foreign objects detection of transmission lines[J]. IEEE Access,2022,10：45620-45628.

[19]　LIU B,HUANG J,LIN S,et al. Improved YOLOX-S abnormal condition detection for power transmission line corridors[C]. 2021 IEEE 3rd International Conference on Power Data Science (ICPDS),Harbin,2021：13-16.

[20]　吕禾丰,陆华才.基于 YOLOv5 算法的交通标志识别技术研究[J].电子测量与仪器学报,2021,35(10)：137-144.

[21]　王英邺.基于 YOLOv5 的施工现场安全帽佩戴监测算法[J].信息技术与信息化,2022(7)：33-36.

[22]　龙乐云,周腊吾,刘淑琴,等.改进 YOLOv5 算法下的输电线路外破隐患目标检测研究[J].电子测量与仪器学报,2022,36(11)：245-253.

第6章

基于改进的YOLOv5异物检测算法鲁棒性研究

本章针对输电线路异物检测算法的对抗鲁棒性和漂移鲁棒性展开研究,主要介绍3种常用的对抗攻击算法,分别是 FGSM 算法、BIN 算法和 PGD 算法,并在此基础上提出了融入热重启机制改进的 PGD 算法,同时加快了攻击速度、增强了数据,使面向输电线路的异物检测模型更具有对抗鲁棒性,最终提出了适用于输电线路异物检测的多尺度特征融合的自监督学习方法。

6.1 样本的生成方法

6.1.1 FGSM 算法

FGSM 算法以梯度信息为基础进行单步攻击,是 Goodfello 等[1]于 2014 年提出的。该算法利用图像梯度直方图进行特征提取,将其作为分类器,从而实现对输电线路异物的快速准确地识别。当输电线路异物检测模型正在进行训练时,这个模型将对输入图片进行特征学习,再通过 Softmax 层进行计算,得出识别结果,再由损失函数计算出预测框与真实框获得模型损失值,之后基于回传损失值计算所述梯度对模型参数进行更新,反复迭代训练,损失值随模型参数变化较小,所以目标检测模型识别准确率将不断提高。通过获取目标检测模型,对输入图像进行求导来进行对抗攻击,再利用符号函数求出梯度方向,最后在起始输入图像中加入扰动,获取 FGSM 攻击算法的对抗样本,如图 6-1 所示。FGSM 算法生成对抗样本的计算公式为

$$x' = x + \alpha \cdot \text{sign}(\nabla_x L(f(x), y)) \tag{6-1}$$

式中,x'表示对抗样本;x 表示原始的输入图像即干净样本;y 表示真实标签;α 表示扰动步长;$L(\cdot)$表示攻击模型的损失函数;$\text{sign}(\cdot)$表示符号函数;$f(x)$表示深度学习模型;$\nabla_x L(f(x), y)$表示通过回传的损失函数得到的样本的梯度。

FGSM 算法会沿着$\nabla_x L(f(x),y)$对输入图像进行 α 大小的修改。

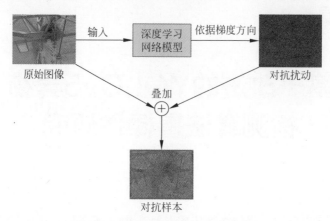

图 6-1　FGSM 方法生成对抗样本流程

（请扫 Ⅱ 页二维码看彩图）

FGSM 算法生成对抗样本的流程如下。

（1）将原始图像 x 输入深度学习网络，得到最终的识别结果 $f(x)$。

（2）构造损失函数 $L(\cdot)$。

（3）将原始样本输入网络后，原始图像的真实标签为 y。

（4）计算最终的识别结果 $f(x)$ 与预测结果 y 之间的损失 $L(f(x),y)$。

（5）对损失函数求导得到梯度方向$\nabla_x L(f(x),y)$。

（6）根据$\nabla_x L(f(x),y)$设置生成对抗样本时移动的步长 α。

（7）原始图像 x 沿损失函数的梯度方向移动 α 的距离，最终得到对抗样本 x'。

由于 FGSM 算法是在步长 α 较大的情况下通过单步梯度的方法来生成对抗样本的，导致该算法的攻击效果受限，但是 FGSM 算法具有较好的迁移能力。

6.1.2　BIM 算法

由于 FGSM 算法属于单步攻击方法，其攻击成功率会很低，而且当在实际攻击时，两个不同类别样本会有很大的差距或者是样本距离决策面较远时，FGSM 算法的单步攻击成功率会很低。针对 FGSM 算法攻击成功率不高的问题，Kurakin 等[2]做了一些改进提出了 BIM 算法。BIM 算法借鉴了梯度下降的思路，采用了多步迭代的方式生成对抗样本，BIM 算法的计算公式为

$$x'_0 = x, \quad x'_{k+1} = x'_k - \alpha \cdot \text{sign}(\nabla_x J(x'_k, y)) \tag{6-2}$$

式中，x 表示原始样本；x'表示 BIM 算法生成的对抗样本，首次迭代时将原始样本作为最初的对抗样本，然后在此基础上迭代更新；α 表示迭代更新时扰动步长。由式(6-2)可知，BIM 算法在迭代更新时需要改变扰动，并将原始图像通过一个裁剪函数

clip(),能够保证图像在迭代更新中不失真,因此 BIM 算法生成对抗样本的过程如下。

(1) 将原始图像 x 输入深度学习网络,得到最终的识别结果 x'_k。

(2) 构造损失函数 J。

(3) 将原始样本输入网络后,原始图像的真实标签为 y。

(4) 设置算法的最大迭代次数。

(5) 设置对抗样本在梯度方向移动的步长 α。

(6) 将第 k 次生成的对抗样本 x'_{k+1} 送入网络得到结果为 x'_k。

(7) 对损失函数 $J(x'_k,y)$ 求导得到梯度方向 $\nabla_x J(x'_k,y)$。

(8) 第 k 次迭代得到的对抗样本 x'_k,通过移动步长 α 的距离得到最新的对抗样本 x'_{k+1}。

(9) 最后重复 5~8 次,一直重复迭代到算法的最大迭代次数为止。

FGSM 算法是单步攻击,而 BIM 算法生成对抗样本的方法需要多次迭代,因此 BIM 算法生成对抗样本需要更长时间,但是 BIM 算法在 FGSM 算法上改进后,其攻击成功率远高于 FGSM 算法,而且 BIM 算法的迁移性更好。

6.1.3 PGD 算法

BIM 算法在生成对抗样本时会出现局部最优值,最终生成对抗样本的效果会变差,因此 Madry 在 BIM 算法上进行改进[3],使用梯度投影来限制过阈值的扰动,并在初始阶段增加了一个服从均匀分布的随机扰动,提出了 PGD 算法。PGD 算法生成对抗样本的计算公式为

$$x^k = \prod_\varepsilon (x^{k-1} - \alpha \cdot \mathrm{sign}(\nabla_x l(h(x^{k-1}),y_{\mathrm{target}}))) \tag{6-3}$$

式中,$\prod\limits_\varepsilon$ 表示该算法需要进行循环 ε 次。式(6-3)中,第 k 次循环初始化参数采用的则是第 $k-1$ 次循环得到的结果 x^k 进行迭代。PGD 算法生成对抗样本的简单流程如下。

(1) 将原始图像 x 输入深度学习网络,得到输出结果 $h(x^0)$。

(2) 构造损失函数 $l(\cdot)$。

(3) 构造门函数 $\prod\limits_\varepsilon$,即生成对抗样本时用来设置阈值。

(4) 将原始样本输入网络后,原始图像的真实标签为 y_{target}。

(5) 设置对抗样本在梯度方向能移动的最大距离 ε。

(6) 设置算法的最大迭代次数。

(7) 第 $k-1$ 次迭代得到的对抗样本为 x^k,将 x^k 输入网络得到的输出结果为 $h(x^{k-1})$。

(8) 计算实际的输出结果 $h(x^{k-1})$ 与期望的结果 y_{target} 之间的损失,表示

为 $l(h(x^{k-1}), y_{\text{target}})$。

(9) 对损失 $l(h(x^{k-1}), y_{\text{target}})$ 求导得到梯度方向 $\nabla_x l(h(x^{k-1}), y_{\text{target}})$。

(10) 计算本次迭代移动的步长 α，通过移动步长 α 的距离得到最新的对抗样本。

(11) 使用步骤 2 构造的门函数对生成的对抗样本进行阈值截断。

(12) 重复步骤(6)～(11)，一直重复迭代到算法的最大迭代次数为止。

6.1.4 基于热重启机制的 PGD 算法

典型的 PGD 算法采用梯度下降法可以对 YOLOv5 训练网络参数进行更新，其计算公式如下。当所有的网络参数沿着各自的偏导数方向下降时，YOLOv5 训练网络的损失函数沿着梯度方向下降。

$$w' = w_t - \eta \cdot \frac{\partial(\text{Loss}(x))}{\partial w_t} \tag{6-4}$$

式中，t 表示训练的次数；w_t 表示第 t 次训练后的网络参数；η 表示学习率；$\text{Loss}(x)$ 表示 YOLOv5 训练网络中的损失函数。为了使 YOLOv5 训练网络损失函数稳定减小，本章提出了一种基于热重启功能的 PGD 算法，对 YOLOv5 训练网络进行参数更新。带有热重启功能的 PGD 算法，通过对梯度方向调节的随机控制，利用热重启机制来调控学习率改变，由此得到损失函数最小或者局部最优解。每一次的热重启调整都分为两个大的阶段进行，分别为热启动与余弦退火衰减。每个热运行阶段都会进行一定次数的循环操作，以达到降低网络误差、提高收敛速度的目的。热启动阶段学习率计算公式为

$$\eta_t = \eta_0 + t \cdot \frac{\eta - \eta_0}{T} \tag{6-5}$$

式中，η_t 表示第 t 次训练时的学习率；η_0 表示热启动开始时的学习率；η 表示热启动结束后的学习率；t 表示热重启调整时的第 t 次训练；T 表示热启动阶段总的训练步数。

在热启动阶段，学习率线性上升，可以使损失函数平稳减小，避免了因学习率太高、损失函数振荡，甚至不能收敛于局部最小值的问题产生。通过对学习率进行分段处理，可以获得一个近似最优解，使系统达到全局极小化。余弦退火衰减阶段学习率的计算公式如下。已知取值区间为 $[0, \eta']$。

$$\eta_t = 0.5\eta' \cdot \left[1 + \cos\left(\pi \cdot \frac{t - T}{T' - T}\right)\right] \tag{6-6}$$

式中，T' 表示热启动阶段和余弦退火衰减阶段总的训练步数。

当系统参数满足一定条件时，学习率将趋于稳定。处于余弦退火衰减的阶段，学习率按余弦曲线规律先慢后快地减小，接着加速回落，最后慢慢地减少。每个热运行阶段都会进行一定次数的循环操作以达到降低网络误差、提高收敛速度的目

的,使损失函数能够平稳地减小,取得较好的训练效果,图 6-2 所示为五次热重启调节时学习率发生的改变。

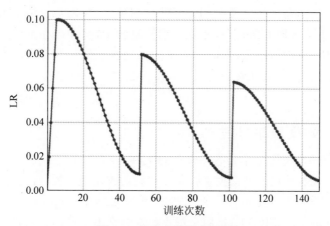

图 6-2　热重启学习率调整

将所有样本都作为训练集进行学习是不现实的,因此需要采用非平衡机器学习方法来解决这个问题。热重启调整是热启动阶段与余弦退火衰减阶段相结合的反复进行的调整。通过对不同初始温度下得到的结果与传统方法所得结果的比较可以发现,该方法具有更好的性能。热启动机制可以将损失函数减小至局部最小值后,由于学习率又提高了,并且可能会跳出目前局部最小值,这样就有机会找到全局最小值或较好的局部最小值。

6.2　基于数据漂移鲁棒性的研究方法

在深度学习过程中,数据集会出现数据类别分布不均衡的问题,即数据失衡,而典型的长尾数据集数据分布如图 6-3 所示。数据分布不平衡会影响深度学习模型的训练。在长尾数据集中,通用的目标检测模型容易偏向头部数据,会忽视尾部数据。在实际应用中,训练样本一般表现为长尾类的分布,在这些样本点中,有小部分拥有数量众多的样本,而其他类只有几个样品。因此,将所有样本都作为训练集进行学习是不现实的,需要采用非平衡机器学习方法

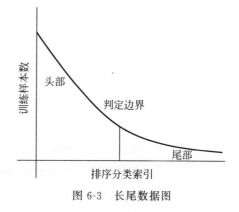

图 6-3　长尾数据图

解决该问题。在该训练集上,训练后的模型易倾向于在海量训练数据中进行头部分类,使数据有限的尾部类上模型性能较差。

样本不均衡问题一般出现在呈长尾分布的数据中,现实生活中很多数据类似长尾分布,即头部数据类别较多,尾部类别数量较少,这样会导致模型对于学习尾部数据的表征信息不够丰富,不能很好地表达尾部类别。为解决深度学习中样本分布不均匀的问题,一般从样本层面、损失函数层面和模型层面采取不同的解决方法。

6.2.1　数据重采样方法

数据重采样是现代统计中不可或缺的工具,该方法就是从训练集中随机抽取样本重新拟合训练预设的新模型。但是重采样的方法随机抽样的过程会涉及多个子数据集,因此计算上耗时长。人工少数类过采样法(synthetic minority over-sampling technique,SMOTE)是用于解决数据类别不平衡问题的常用方法。该方法首先通过 K 近邻计算出少数类样本中样本的欧几里得距离,然后得到 K 近邻样本点,并通过随机选取的方式在该样本与选择的近邻样本之间做线性插值,生成新的少数类样本[4]。数据重采样过程的计算公式为

$$X_{\mathrm{new}} = x_i + (\hat{x}_i - x_i) \times \delta \tag{6-7}$$

式中,x_i 表示 K 个邻近样本中的任意一个;$\delta \in [0,1]$ 的随机数。这里,取 $K=5$ 为例,图 6-4(a)所示为初始数据的分布,而通过 SMOTE 采样之后得到的数据分布如图 6-4(b)所示。

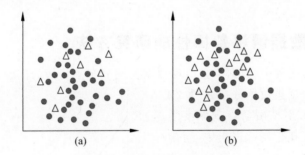

图 6-4　SMOTE 方法示例图

(a) 初始分布;(b) SMOTE 采样分布图

6.2.2　有监督的样本学习方法

机器学习分为有监督学习和无监督学习(图 6-5),基于现有数据集进行监督学习,输入与输出的关系是已知的,再依据此已知关系进行训练,获得最佳模型。该算法利用图像梯度直方图进行特征提取,将其作为分类器,从而实现对输电线路异

物的快速准确地识别。在监督下进行学习模型的训练时,本章实验数据集要同时具有特征和标签,在训练时,机器可以自行实现标签与特征之间的对应;在录入数据未标注时,可自行对标注进行判定,这样相当于对输入和输出进行了拟合的过程,以此训练精度更高的模型。有监督的学习主要分为分类和回归两个方面。

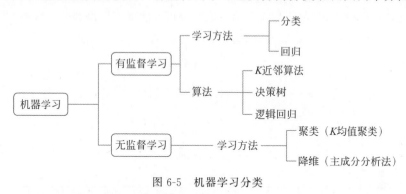

图 6-5　机器学习分类

6.2.3　无监督的样本学习方法

无监督学习是深度学习领域的一种学习方法,它主要利用聚类的方法对未知的数据进行分析,其学习方法主要分为聚类和降维两个方面。在深度学习的实际应用中,深度学习的训练依靠的是大量有标注的数据,因为各种因素有标注的数据往往难以得到足够的量,所以一些研究者选择在训练过程中加入无标注的数据,这样在无标注数据量足够的情况下能够达到有标注数据训练的效果。这是一种无监督的学习,无监督学习无需对训练集与验证集进行分割以及标记数据集,仅需把数据集输入模型中训练即可,采用聚类方法找到训练数据之间相似程度即可完成学习任务。

无监督学习方法包括主成分分析方法、等距映射的方式、局部线性嵌入方法、拉普拉斯特征映射方法以及局部切的空间排列方法等,它与传统的无监督学习相比,具有更高的分类准确率和泛化能力。在无监督学习中,主成分分析方法经常被用于数据降维,把高维数据矩阵向低维空间进行投影,可以在确保重要特征信息不被更改的前提下,有效去除数据间相关性,从而提高模型的检测精度。主成分分析法的过程如下。

(1) 数据中心化: 对原数据矩阵中的每一行进行零均值化。

(2) 求出数据中心化后数据矩阵的协方差矩阵。

(3) 求解协方差矩阵的特征值和特征向量。

(4) 将特征向量按照特征值从大到小按列进行排列称为矩阵,获取最前面的 k 列数据形成的矩阵 W。

（5）利用矩阵 W 和原数据矩阵进行矩阵乘法得到较低到 k 维的最终数据矩阵。

如图 6-6 为主成分分析方法的过程图，图 6-6（a）所示为随机生成的数据图，图 6-6（b）所示为求均值之后的数据［图 6-6（b）中包括特征向量的图］，图 6-6（c）所示为降维之后的结果图，其中五角星表示主成分分析方法降维后得到的一维数据图。

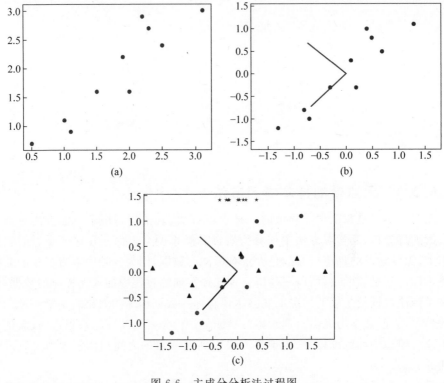

图 6-6　主成分分析法过程图

（a）原数据图；（b）特征向量图；（c）降维图

（请扫Ⅱ页二维码看彩图）

无监督学习虽然具有不需要准备有标签数据集的优势，但是这个方法本身也存在缺点，如计算复杂，当训练模型需要大量数据集时，会耗费更长的时间。模型中参数敏感度高，实验结果与参数的设置紧密相关。

6.2.4　基于多尺度特征融合的自监督学习方法

自监督学习是从无监督学习到有监督学习的新型学习方式[5]，它们的关系如图 6-7 所示。自监督学习主要通过辅助任务，在海量无监督数据上挖掘其监督信息，通过重构监督信息来训练网络，它与传统的无监督学习相比，具有更高的分类准确率和泛化能力。由于自监督学习监督数据无须进行人工标注，而是通过网络模型上的算法自动地构建无监督数据的监督信息，再加以训练。这个过程节省了大量人力和时间，也解决了缺少有标注数据集以及数据集分布不均匀导致的训练模型过拟合的问题。

图 6-7　自监督学习与无监督
学习的关系
（请扫Ⅱ页二维码看彩图）

自监督训练过程大致可分为模型的预训练和模型的迁移学习两个阶段，如图 6-8 所示。首先，从大量的无标注数据中通过对目标任务有帮助的辅助任务来训练网络，就是自动在数据中构造监督信息的过程，得到预训练的模型；其次，对于新的下游任务，与有监督学习一样，迁移学习到的参数在新的有标签任务上进行微调；最后，得到一个能适应新任务的网络模型。

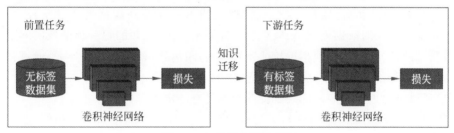

图 6-8　自监督学习示意图
（请扫Ⅱ页二维码看彩图）

自监督的学习的方法主要分为基于上下文、基于时序和基于对比 3 类方法。

（1）基于情境的自监督学习，正是基于数据自身上下文信息，许多前置学习任务得以构建。每个人对不同事物有着各自独特的感受，所以可以把这些不同的视觉特性看作具有一定差异性的。例如，自然语言处理领域[6]中最重要的算法 Word2vec[7]，它主要用语句顺序，并在算法上建立了连续词袋模型（continuous bag of words，CBOW），该模型利用前、后词对中间词进行预测，Skip-Gram 模型则通过中间的词来预测前、后的词。这些都属于后置学习问题，但是前、后面关系复杂且不稳定，所以一般情况下无法使用。在图像处理领域，辅助任务由 Jigsaw[8] 拼图方法构建。本章提出了一种新的自监督学习的框架，它采用一个简单有效的方法去估计图像的空间分布。在图 6-9 中，将一幅图像分成 9 部分，接着，损失值由对这些部分进行位置信息预测而生成，这样得到一个表示图片特征的向量空间模型，并以此为基础建立一个图像分类器，从而实现对图像进行分类识别的目的。在网络模型上输入这个图像中的小狗眼睛、左耳朵，期待模型研究出左耳朵应位于眼睛左侧,如果最后模型出色地完成人们所期望的工作,那么可以认为这个模型所研究的表象中存在语义信息。因为深度学习网络的训练依赖于大量的数据集,基于数据增强的自监督上下文方法应用较多,数据增强的方法是将图片旋转不同的角度,不仅扩增了数据集还增强了训练模型的鲁棒性。

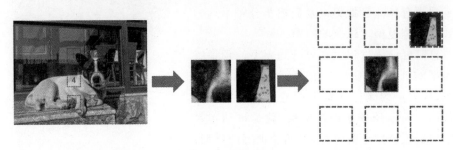

图 6-9　拼图任务

(请扫Ⅱ页二维码看彩图)

（2）基于时序的自监督学习方法,通过约束时间序列数据进行自监督学习。视频是最能体现的数据类型,一般视频用帧率来表示,视频的每一帧图像实际上也具有类似的性质,视频中帧相近特征比较接近,距离远,特征信息差异大,通过独立构造该相似与不相似样本,实现自监督约束。每个人对不同事物有着各自独特的感受,所以可以把这些不同的视觉特性看作具有一定差异性。

（3）基于对比的自监督学习方法通过学习两个数据的相似和不相似,然后用编码的方法来构建表征信息。基于互信息最大化(deep info max,DIM)模型是对比方法中常用的,该模型可以分类全局特征和局部特征是否来自同一数据图像。对比预测编码(contrastive predictive conding,CPC)同样也是一个基于对比的自监督网络框架,CPC主要调用了深度学习中自回归的想法,通过编码的学习形式对相隔多个时间步长的数据点之间的共享信息进行学习,即利用过去时间的表征信息预测未来数据信息,然后随即采用训练模型。CPC模型可以应用于以有序序列表示的任何形式的数据,如文本、视频、语音信息、图片数据等。

LeNet、AlexNet、VGGNet 和 ResNet 等经典深度卷积神经网络已经在图像处理领域有了重大突破,然而深度学习的发展导致基于卷积神经网络的训练需要更多标注的数据集做支撑,当所提供的数据样本量不足时,训练模型会出现训练集上检测准确率很高但测试集上准确率很低的现象,即模型出现了过拟合现象,表明模型的泛化能力一般。基于深度学习算法中具有强大的图像特征提取网络,研究者联合传统的迁移学习网络,开始尝试基于卷积神经网络的特征迁移学习。利用数据量足够大的源领域,预先训练卷积神经网络模型,最后将训练好的模型作为一个特征提取器进行训练,再以特征提取器输出为目标域模型辅助特征输入,然后优化目标任务的训练。通过实验,表明该方法可以提高卷积神经网络模型预测准确率和鲁棒性,并且能够很好地保持图像目标识别的精度。在迁移学习的任务下,领域之间的图片数据集通常具有一定的关联性,因此利用足够源领域数据集预训练卷积神经网络特征生成器有以下 3 个特性,使抽取出的卷积特征向量能够辅助目标域任务进行学习和训练。

(1)采用有监督学习训练方法对大规模有标注数据集基于卷积神经网络进行训练,能够提取出丰富的图片语义特征,这些视觉特征是通用的,由此可使这些特征向新的方面迁移,分类效果得到了一定改善。

(2)对于深度卷积神经网络而言,各层特征抽象能力层层递进,对分类有好处的图像特征由底层向高层层层增强,这样卷积神经网络的末层就可以提取到带有语义聚类特性。

(3)利用足够多的源领域图像样本预先训练好的特征生成器,能够在不同卷积层上生成不同语义级别卷积特征图,对于这些特征图增加一种新型卷积变换,再利用目标域图像样本微调,能够进一步提高目标域特征提取能力。

因此,针对输电线路异物识别过程中数据集分布不均匀的问题,本节提出了一种基于多尺度特征融合的自监督学习方法,利用迁移学习的方法将分布较多类别的标签样本迁移到少量类别的过程,该方法构建的迁移学习网络模型主要是提取源域和目标域的特征来减少其之间的差异性,基于多尺度特征融合的自监督学习的网络架构图如图 6-10 所示。

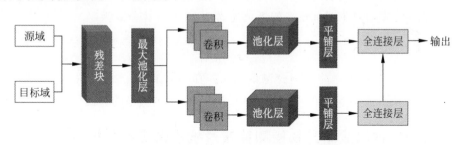

图 6-10　基于多尺度特征融合的自监督学习的网络架构图
(请扫Ⅱ页二维码看彩图)

首先,利用具有自身较强特征自学习能力的一维残差块,在源域与目标域之间自适应地提取输电线路异物数据中浅层故障特征,降低了在进行目标检测时对目标特征的显著依赖性。在此基础上,通过增加一层稀疏表示层可以有效地降低噪声干扰对特征提取结果的影响。其次,采用不同核大、小卷积的方法,进一步给出了相辅相成,丰富关键特征,再次,采用池化层加权提取关键特征,之后平铺加权特征,对不同卷积层中提取到的特征拼接,获取源域与目标域之间海量故障信息。最后,使用少量带标签目标域样本对已训练网络目标识别准确率进行检验。

6.3　实验结果与分析

6.3.1　鲁棒性能评价指标

本章对 FGSM 算法进行了分析,介绍了 BIM 算法与 PGD 算法产生对抗样本原理。本章针对 PGD 算法,给出了一个高效的基于热重启机制下的算法,并且通过对数据的重采样进行分析、有监督与无监督样本学习方法研究数据,通过对鲁棒性、隐蔽性、生成速度、可迁移性等方面进行设计并实验加以考察,本章中所提及的方法也被用于对模型性能进行评价。

（1）鲁棒性是指通过攻击算法得到的对抗样本仍能被输电线路检测模型识别出来的数量,使用精确率 P 和 mAP 值来计算评估。

（2）隐蔽性表现为,正常样本和对抗样本之间存在区别,也就是样品的失真度。为了提高对未知威胁环境下目标检测率,可以通过在输入数据集上增加训练样本来减少训练时间和降低计算量。

（3）生成速度为产生对抗样本所需的平均迭代次数。它可以通过改变参数或采用其他方法来控制,但通常不影响最终结果。

（4）可迁移性表示对抗攻击时样本攻击的成功率[9]。攻击成功率主要用于计算训练模型在受到对抗攻击前后生成样本的 mAP 值的情况之比,攻击成功率的结果代表了训练模型对于对抗攻击的抵抗能力情况,其计算公式为

$$ASR = 1 - \frac{mAP_{attack}}{mAP_{clean}} \tag{6-8}$$

式中,mAP_{clean} 表示攻击前模型预测的 mAP 值;mAP_{attack} 表示攻击后模型预测的 mAP 值,攻击成功率越低,表示该输电线路异物检测模型的对抗鲁棒性能越高。

6.3.2　输电线路异物检测算法对抗攻击实验分析

本节实验使用的数据集是基于第 5 章实验所提供的数据集随机生成的,实验环境与 5.4.1 节中设置相同,实验内容主要如下。

（1）比较 FGSM 算法、BIM 算法、PGD 算法和本章提出的算法,确认目标网络模型的精确度和攻击成功率。

（2）比较基于热重启机制的 PGD 算法在不同目标网络模型的攻击成功率,验证本章算法的有效性。

在对抗攻击实验中,在产生对抗样本时,设定 epsilon 值,代表对抗样本受到干扰的程度。为了提高对未知威胁环境下目标检测率,可以通过在输入数据集上增加训练样本来减少训练时间和降低计算量。在设定 epsilon 值比较低时,加入对抗

样本后,噪声将更低,攻击成功率如图 6-11 所示;在设定 epsilon 值较高时,样本对抗扰动将变大,攻击成功率较高,如图 6-12 所示;在 epsilon 值不相同时,训练结果如图 6-13 所示。

图 6-11　不同攻击方法生成的对抗样本图像及其梯度直方图

(a) 原始图像及对抗样本图像;(b) 梯度直方图

(请扫Ⅱ页二维码看彩图)

图 6-12　对抗样本结果图

(a) 原始样本;(b) epsilon=1.0 的对抗样本;(c) epsilon=0.5 的对抗样本;

(d) epsilon=0.1 的对抗样本

(请扫Ⅱ页二维码看彩图)

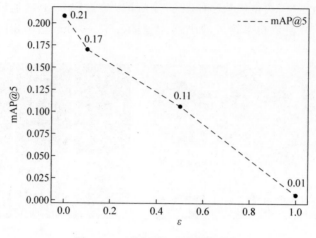

图 6-13　不同干扰下精确值变化

　　为能更深入地了解样本遭受对抗攻击后的隐形性能，实验中使用了梯度直方图（histogram of oriented gradient，HOG）来观测图像在纹理特征上的表现情况。本章主要对原始图像做了一系列预处理操作，包括滤波、图像增强等处理方法，基于热重启机制的 PGD 算法生成的对抗样本图像及其梯度直方图如图 6-11 所示。在图 6-12(a) 中，第 1 列为在实验数据集上任意选取的 3 幅不同类原始图像，第 2 列为加入随机噪声后所得对抗样本，第 3 列为基于热重启机制 PGD 攻击产生的对抗样本图像；在图 6-12(b) 中，原始图像与其对抗样本得到的梯度直方图是通过对图像中局部区域梯度方向直方图进行计算与统计形成特征的，其获取到图像中的纹理特征后，能够很好地突出对抗样本受扰动的问题。图像中每一个像素梯度都具有尺寸和一个方向，在 x、y 方向梯度图中，垂直与水平边缘特征分别得到加强，梯度直方图上箭头指示梯度，箭头方向又为梯度方向，箭头长度指示梯度大小。因此由图 6-12(a) 与图 6-12(b) 的对比可知，根据热重启机制产生的对抗样本所产生梯度直方图梯度特征变换非常小，表明它具有较好的隐蔽性。

　　接下来，针对本章中提及的 FGSM 算法、BIM 算法及 PGD 算法进行研究，在攻击效率、攻击成功率等指标上，将以上算法中的攻击方法与基于热重启 PGD 算法中的攻击方法进行了比较评价，具体如表 6-1 和表 6-2 所示。

表 6-1　基于热重启机制的 PGD 攻击对不同模型的攻击成功率

训练模型	eps＝0.05	eps＝0.1	eps＝0.5	eps＝1
VGG 网络	0.18	0.20	0.49	0.87
Darknet-53	0.06	0.23	0.69	0.94
Mobilenetv2	0.13	0.17	0.40	0.82

表 6-2 基于不同攻击方法

攻 击 方 法	攻击成功率/%	攻击效率/s
FGSM	93.5	3.40
BIM	97.1	6.80
PGD	96.4	1.76
HRs-PGD	98.8	0.78

6.3.3 基于输电线路异物检测算法漂移鲁棒性实验分析

本节实验主要是验证 6.2 节中针对数据漂移鲁棒性提出的学习方法的有效性。首先,在基于改进 YOLOv5 异物检测模型上对所提方法的泛化能力进行了对比;其次,从不同模型训练的损失和准确度来分析模型的稳定性;最后,比较得出本节所提算法较好地提高了数据的漂移鲁棒性的结论。

本节实验主要研究了多尺度卷积对输电线异物特征的提取效果来减小源域和目标域之间的差异性,基于多尺度特征融合的自监督学习方法流程如图 6-14 所示。

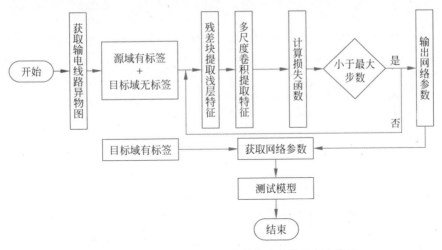

图 6-14 基于多尺度特征融合的自监督学习方法流程

首先,从输电线路异物数据集中随机抽取部分作为训练集,其余部分作为测试集;其次,设置网络的初始化参数,将生成的源域数据集及目标域数据集发送至残差模块,对目标对象进行浅层特征提取,之后进行多尺度卷积,进一步进行特征提取;最后,Softmax 在源域中实现了输电线路异物的分类识别,依据网络分类损失,源域与目标域的不同损失,逐层反向训练,对迁移网络模型参数进行更新,直至选

代至最大步数。将训练好的网络参数进行保存,输入所述目标域测试样本集,回传
网络 Softmax 层的输出结果,它在概率分布极大值上的概率标记就是预测目标域
的识别结果。图 6-15 所示为输电线路异物数据集类别训练的情况,图中(a)、(b)、
(c)、(d)分别表示了模型对输电线路异物数据集分类、分类准确率、分类准确率和
召回率的关系及分类召回率的情况。

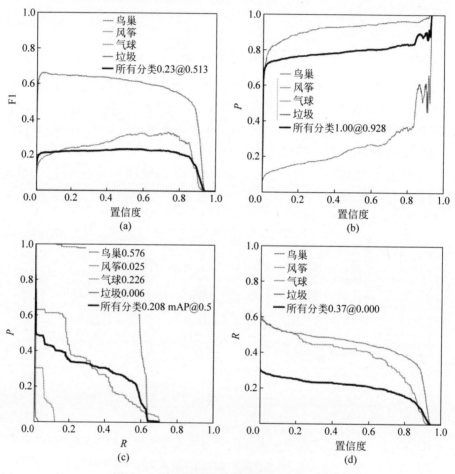

图 6-15 输电线路异物数据集类别分布情况

(a) F1 分数;(b) 精确度;(c) 精确度和召回率;(d) 召回率

(请扫 Ⅱ 页二维码看彩图)

图 6-16 所示为同一模型使用不同学习后使用目标识别的准确率来表示该模
型的泛化性能,对比之下,本节提出的基于多尺度特征融合的自监督学习方法在数
据集迁移的过程中,能够使模型更具稳定性。

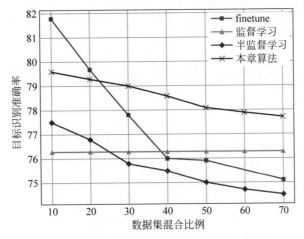

图 6-16　同一模型不同学习方法的泛化性能情况

　　由表 6-3 和表 6-4 可以看出,在基于改进的 YOLOv5 网络的输电线路异物检测过程中,输电线路异物经迁移学习后,对每个类别的识别准确率都较好,特征明显的 Nest 这个类别最终的识别准确率能够高达 99.63%,对于 Trash 类别容易与复杂背景融合导致识别准确率远低于 Nest 类别,但是经迁移学习后也能够达到 87.10%,并且经过迁移学习实验,VGG 网络模型、Darknet-53 网络模型及 Mobilev2net 网络模型训练出来的 F1 平均分都在 0.9 分以上。由图 6-17 可知,经迁移学习后训练得到的输电线路异物检测模型的分类损失具有较好的收敛性,并且分类准确率也都高达 0.7 以上,实验效果良好,能够证明本章提出的基于多尺度特征融合的自监督学习方法能够提高基于改进的 YOLOv5 网络的输电线路异物检测网络的鲁棒性。

表 6-3　不同模型的迁移学习结果

模　　型	VGG 网络	Darknet-53	Mobilev2net
识别准确率/%	99.05	97.72	99.36
平均 F1 分数	0.975	0.963	0.986

表 6-4　不同类别的迁移学习结果

输电线路异物类别	Nest	Trash	Kite	Balloon
识别准确率/%	57.60	0.60	2.50	22.60
识别准确率/%	99.63	87.10	93.25	95.89

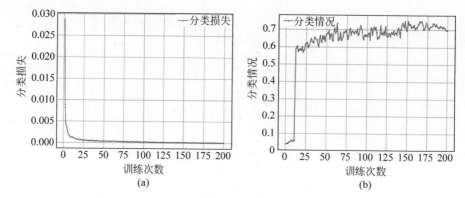

图 6-17 输电线路异物检测网络

（a）分类损失；（b）分类准确率

6.4 本章小结

本章针对基于改进的 YOLOv5 网络的输电线路异物检测模型的鲁棒性,即模型的对抗鲁棒性和数据的漂移鲁棒性进行了研究。首先,针对模型的对抗鲁棒性和漂移鲁棒性,提出了基于热重启机制的 PGD 算法和基于多尺度特征融合的自监督学习方法;其次,结合实验,验证了本章所提方法对研究目标识别模型鲁棒性研究的有效性。

参考文献

［1］ GOODFELLOW J，SHLENS J，SZEGEDY C. Explaining and harnessing adversarial examples［EB/OL］.（2014-12-20）［2015-03-20］. https://arxiv. org/pdf/1412. 6572.

［2］ KURAKIN A，GOODFELLOW J，BENGIO S. Adversarial examples in the physical world［EB/OL］.（2016-07-08）［2017-02-11］. https://arxiv. org/pdf/1607. 02533.

［3］ ALEKSANDER M，ALEKSANDER M. Towards deep learnhy models. Resistant to Adversorial Attacks，Machine learning，2019，arxiv：1706. 06083.

［4］ 刘厚涛. 面向分布极端不平衡数据的分类算法研究［D］.南京：南京邮电大学,2022.

［5］ 王卫东. 基于自监督学习和深度关系网络的 SAR 图像变化检测［D］.西安：西安电子科技大学,2021.

［6］ NATALIA G，CYRIL G. Year 2021：COVID-19，Information extraction and BERTization among the hottest topics in medical natural language processing［J］. Yearbook of medical informatics，2022，31（1）：254-260.

［7］ ANIL S，SURESH K. Ontology-based semantic retrieval of documents using Word2vec model［J］. Data & knowledge engineering，2023，144：102110.

［8］　DOERSCH C，GUPTA A，ALEXEI A. Unsupervised visual representation learning by context prediction［C］. 2015 IEEE International Conference on Computer Vision（ICCV），Santiago，2015：1422-1430.

［9］　谢云旭，吴锡，彭静.无锚框模型类梯度全局对抗样本生成［J］.计算机工程，2023，49（10）：186-193.

第7章

基于深度学习的烟支空稀头缺陷检测算法

7.1 基于改进的 YOLOv5s 烟支空稀头缺陷检测算法

7.1.1 YOLOv5s 模型

YOLO 算法自发表以来不断更新,相较之前的 YOLO 算法,YOLOv5 的检测精度更高、速度更快[1]。本章考虑到模型大小及后续部署问题,选择 YOLOv5s 模型作为预训练模型,建立烟支空稀头缺陷检测算法。YOLOv5s 网络结构包括输入端、主干网络、颈部网络和检测头,其结构图如图 7-1 所示。

(1) 输入端包括数据增强、图片尺寸处理和自适应锚框设计。在数据增强中,mosaic 操作对输入的四张图片进行多种变换,如翻转、缩放等操作,旨在增加数据多样性,减少 GPU 使用量;为了获得更优质的检测结果,网络采用自适应图片缩放,将输入样本的尺寸统一调整为 640×640。在训练过程中,使用自适应锚框计算,根据预设锚框与真实边框的偏移,通过反向更新来迭代网络参数,获得最合适的锚框数值,从而提高模型的准确性和鲁棒性。

(2) 主干网络是提取图像特征的核心部分,在 YOLOv5 的 5.0 版本里,主干网络使用 Focus 结构,6.0 版本去除了此结构,由 CBS 结构、C3_X 结构、空间金字塔池化结构(spatial pyramid pooling-fast,SPPF)组成。其中,CBS 结构、C3_X 结构和 SPPF 结构如图 7-2 所示。

(3) 颈部网络主要功能是对不同大小特征图进行特征融合,采用特征金字塔网络(feature pyramid network,FPN)[2] 和路径聚合网络(path aggregation network,PAN)[3]进行融合,增强模型的特征提取能力,为后续检测头做好前期准备工作。其中,颈部网络中的 C3_F 结构图如图 7-3 所示。

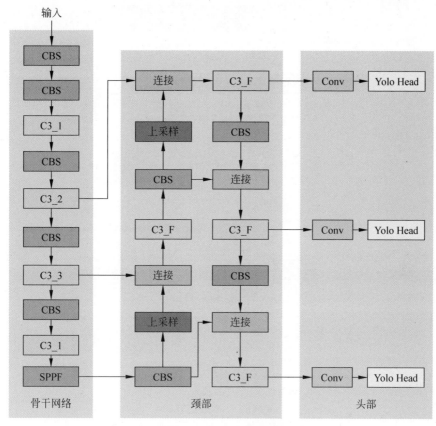

图 7-1　YOLOv5s 结构图

（请扫Ⅱ页二维码看彩图）

（4）检测头位于网络结构的末尾，用于最终对检测目标进行分类、定位和预测。该结构由 3 个检测层组成，分别对应颈部网络提取的 3 种不同尺度的特征图，使模型能够有效地检测小目标、中目标和大目标，从而在各种尺度下实现更精准的物体检测和定位。

7.1.2　基于双向 CGhost-YOLOv5s 算法

考虑到当前关于使用深度学习方法对烟支空稀头进行缺陷检测的研究不多，本章选择在 YOLOv5s 算法的基础上提出一种基于双向 CGhost-YOLOv5s 算法，具体改进内容主要包括以下方面：首先，在颈部网络和检测头输出端间加入 CBAM[4]，使其更加关注烟丝区域信息；其次，颈部网络采用 BiFPN 结构，增强特征融合；最后，为降低模型体积，采用轻量化 Ghost 卷积来替换普通卷积，使用 C3Ghost 模块替换原来的 C3 模块。改进后的 CGhost-YOLOv5s 网络结构增强了

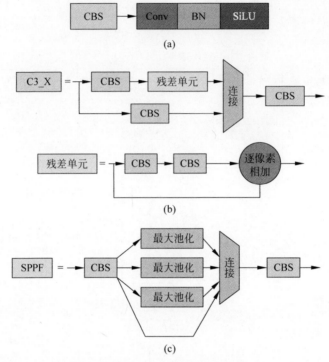

图 7-2　部分结构图

(a) CBS 结构；(b) C3_X 结构；(c) SPPF 结构

（请扫Ⅱ页二维码看彩图）

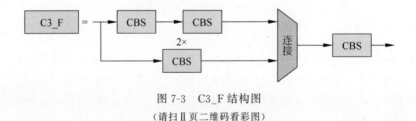

图 7-3　C3_F 结构图

（请扫Ⅱ页二维码看彩图）

对烟丝区域的关注，提高了检测准确性，降低了模型体积和计算成本。这些改进使模型在保持较高的检测精度的同时，更适用于实时性要求高或资源有限的场景。改进的双向 CGhost-YOLOv5s 网络结构图如图 7-4 所示。

1. 融合注意力模块

CBAM 是一种简单高效、轻量级注意力的模块，通过通道注意力（CAM）和空间注意力（SAM）的结合，可以动态调整通道维度和空间维度之间的权重，提取更具有代表性的特征信息。但在不同的应用场景下，CBAM 具体嵌入位置也不同，为了使模型更好地集中处理烟支空稀头缺陷区域信息，在颈部和检测头之间加入

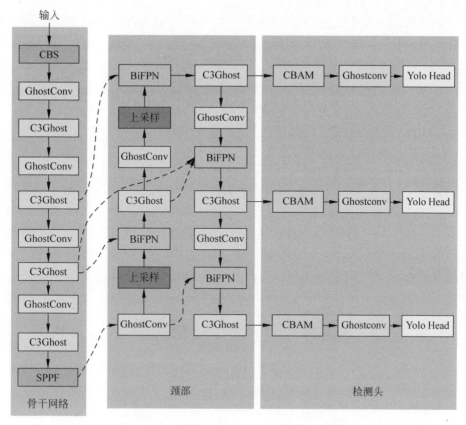

图 7-4 改进的 CGhost-YOLOv5s 结构图

（请扫Ⅱ页二维码看彩图）

了 CBAM，完成空间和通道维度之间权重的自适应校准[5]。添加 CBAM 对网络结构的影响不大，但能使网络学习到图像中更加重要的通道特征和空间位置[6]。

CBAM 不仅考虑了通道之间的相关性，还考虑了不同位置之间的关联性，使模型更具有表征能力和泛化能力，因此，CBAM 可以集成到各种深度学习架构中，提高模型的性能。CBAM 结构示意图如图 7-5 所示。

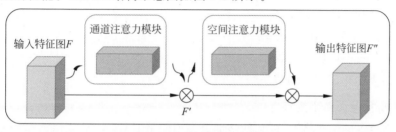

图 7-5 CBAM 结构示意图

（请扫Ⅱ页二维码看彩图）

CBAM 的流程是先将特征图 $F \in R^{C \times H \times W}$ 作为输入,由 CAM 进行自适应特征修正后得到特征图 F',然后将修正后的特征图 F' 输入 SAM 校正后得到最终特征图 F'',其算法流程的计算公式为

$$\begin{cases} F' = M_c(F) \times F \\ F'' = M_s(F) \times F' \end{cases} \tag{7-1}$$

CAM 主要关注特征图的具体内容,其示意图如图 7-6 所示。首先,将尺寸为 $C \times H \times W$ 的特征图分别经过最大池化操作和平均池化操作,生成两个特征图;其次,传入权重共享的多层感知器中,多层感知器包括 2 个全连接层,对通道数先降维再升维;最后,经过元素相加和激活函数激活得到每个通道的权重系数。

CAM 中通道示意图 $M_c(F)$ 的计算公式为

$$M_c(F) = \sigma\{\mathrm{MLP}[P_{\mathrm{avg}}(F)] + \mathrm{MLP}[P_{\mathrm{max}}(F)]\} \tag{7-2}$$

式中,σ 为激活函数;MLP 为多层感知器权重;$P_{\mathrm{avg}}(F)$ 为全局平均池化后得到的特征图;$P_{\mathrm{max}}(F)$ 为全局最大池化后得到的特征图。

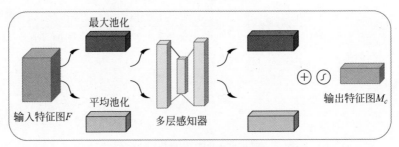

图 7-6　CAM 结构示意图

（请扫 Ⅱ 页二维码看彩图）

SAM 与 CAM 相互补充,主要用于提取图像特征的位置信息,其示意图如图 7-7 所示。在 SAM 中,首先将加权输出特征图作为输入特征图,接着对输入特征图分别进行最大池化和平均池化操作,得到两组池化结果;其次将两组池化结果进行拼接,对拼接的特征图进行 7×7 的卷积操作,以进一步提取特征信息;最后经过 Sigmoid 激活函数处理,生成最终的特征图 $M_s(F)$。空间注意图 $M_s(F)$ 的数学表达式如式(7-3)所示。

$$M_s(F) = \sigma\{f^{7 \times 7}[P_{\mathrm{avg}}(F_1); P_{\mathrm{max}}(F_1)]\} \tag{7-3}$$

式中,$f^{7 \times 7}$ 为卷积核为 7 的卷积操作;$P_{\mathrm{avg}}(F_1)$、$P_{\mathrm{max}}(F_1)$ 分别为全局平均池化和全局最大池化后得到的特征图。

2. 特征融合模块改进

在 YOLOv5s 网络中,颈部网络部分使用的是 PANet 结构。PANet 使用自上而下和自下而上的路径来实现多尺度特征融合,但是没有考虑不同特征信息的重

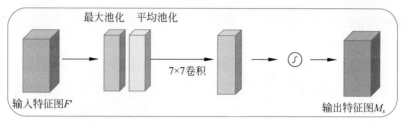

图 7-7 SAM 结构示意图

（请扫 II 页二维码看彩图）

要性,难以有效筛选出对模型训练有利的信息。BiFPN 在 PANet 的基础上运用双向融合思想,对多个尺度的特征图进行融合,不同尺度的特征信息通过权重平衡,从而实现了更准确的多尺度特征融合,有效增强烟支图像局部特征之间的相关性,提高模型的检测性能[7]。故使用 BiFPN 结构来代替 PANet 结构,金字塔网络结构对比如图 7-8 所示。

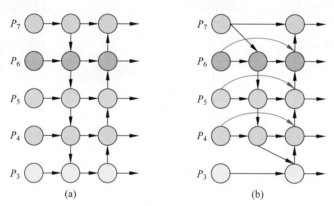

图 7-8 不同金字塔网络结构对比

（a）PANet 结构；（b）BiFPN 结构

（请扫 II 页二维码看彩图）

3. 引入轻量化模块

注意力机制和加权特征双向金字塔网络的加入使模型计算复杂度增加,推理时间变长,因此这里采用轻量化模块优化网络结构,引入 GhostConv 替换 Conv,并使用 C3Ghost 模块替换原来的 C3 模块。第 3 章文献[5]轻量级网络 MobileNet 提出的深度卷积以及 ShuffleNet[8] 中的混洗操作都是基于 1×1 卷积构建的网络模型,但是在训练网络过程中仍占用大量内存并增加计算量,GhostNet 网络卷积层的输出也存在冗余,基于此,下面提出一种新的 Ghost 模块,优点是可以自定义卷积核尺寸大小,只需要进行简单滤波和线性变换就能得到特征图中的相似特征,以此实现高效的特征去冗余[9]。GhostConv 的原理是首先将输入特征图经过

Conv 降维,其次通过一系列恒等变换和非线性运算拼接,最后输出完整特征图,其原理图如图 7-9 所示。

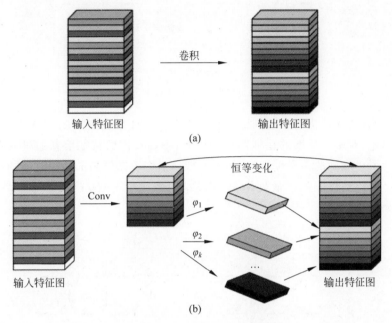

图 7-9   Conv 与 GhostConv 原理图

(a) Conv；(b) GhostConv

    Ghost 瓶颈层模块包含 2 种结构:步长为 1 的瓶颈层和步长为 2 的瓶颈层,结构图如图 7-10 所示。步长为 1 的瓶颈层和步长为 2 的瓶颈层在网络中起着不同的作用,其中步长为 1 的瓶颈层用于保持特征图尺寸不变,而步长为 2 的瓶颈层则用于进行下采样以减小特征图的空间尺寸。但是,步长为 2 的瓶颈层与步长为 1 的瓶颈层区别在于步长为 2 的瓶颈层引入了深度可分离卷积,有效地降低了参数量。其中,BN 操作保证每一层网络的输入具有相同的分布,ReLU 能避免反向传播的梯度消失现象发生。通过这两种结构的组合使用,Ghost 瓶颈层模块能够实现对特征图的有效处理和提取,使网络在不同场景下表现出更好的性能。

7.1.3   实验结果与分析

1. 数据集构建

    构建烟支空稀头数据集可以为烟草质量控制提供重要的数据资源,以识别和评价不合格的烟支产品,进而改进生产工艺和提高产品质量,并且对烟支缺陷识别技术的研究和开发非常关键。数据集构建具体流程如下:首先,按"7+6+7"排列

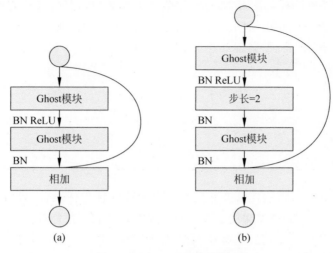

图 7-10　Ghost 瓶颈层结构图

(a) 步长为 1 的瓶颈层；(b) 步长为 2 的瓶颈层

方式采集烟支空稀头图像数据，使用数据增强方法扩增数据集；其次，根据烟支空稀头定义标准加以区分特征；最后，使用标注工具对每张图像标注信息。

1）图像采集

由于目前尚无公开的烟支空稀头数据集，在自然光环境下按照"7＋6＋7"烟支排列方式拍摄烟支空稀头图像，使用数据增强技术对缺陷图像扩充，将原数据进行裁剪、旋转、亮度调节等操作，最终大约得到有效缺陷图像 2 000 张。

2）缺陷类型定义

空头（cigarette empty）和稀头（cigarette thin）缺陷样例图如图 7-11 所示。

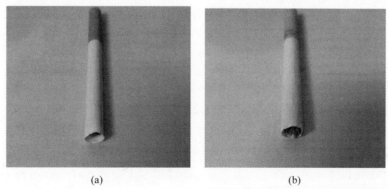

图 7-11　空稀头缺陷样例图

(a) 空头；(b) 稀头

(1) 由空头缺陷样例图可知,空头缺陷是指烟支的端面内烟丝填充不满,使其在深度和面积上形成空头缺陷。通常,空头缺陷深度越深,则空头缺陷面积越大。《卷烟 第3部分:包装、卷制技术要求及贮运》(GB 5606.3—2005)已给出烟支空头判断条件,如表 7-1 所示。

表 7-1　烟支空头判断条件

烟支类型	空陷深度/mm	空头缺陷截面比
滤嘴卷烟	>1.0	>2/3
无嘴卷烟	>1.5	>2/3

(2) 稀头烟支问题一直以来并没有一个明确的量化标准,而且目前对稀头的检测主要依靠人工,判断结果受检验人员的主观差异和评判标准的影响,从而导致结果具有不一致性。如何去精确地判断和识别稀头烟支是个关键问题。因而,这里提出如何判别稀头的方法。稀头的形态特征主要表现为烟支端面的部分烟丝区域松散,导致烟支端面存在一部分面积的缺失,使得烟支的整体密度下降,给人的第一感觉就是不够饱满。与空头烟支有所不同的是,稀头烟支更多的是指烟支端面的整体存在空陷,而不是表面稀疏。

3) 缺陷类型标注

使用标注软件 LabelImg 对数据集进行标注,使用 LabelImg 软件打开数据集界面如图 7-12 所示。具体操作是通过在目标对象周围画出矩形框,确定目标的位置。在标注过程中采用 VOC 格式标注类别,类别分为空头和稀头。采用 XML 文件形式存储,该文件包含了烟支空稀头的位置信息、标签信息等,有利于后续对数据的解析和使用。

将自制烟支空稀头数据集按照 7∶2∶1 的比例划分为训练集、验证集和测试集,本章之后各个模型均严格按照该数据集原始分进行的训练、验证及测试。部分训练数据集的初始训练样本如图 7-13 所示。由图 7-13 可知,"0"代表烟支空头,"1"代表烟支稀头。

2. 实验环境与网络参数

本章实验在 Windows 操作系统环境下进行,使用 CPU 为 Intel(R) Core(TM) i5-10500H,RAM 为 16GB 随机存取内存,GPU 为 NVDIA GeForce GTX 1650 Laptop。深度学习框架为 Pytorch。

模型超参数设置包括以下内容:输入图像尺寸设置为 640×640;模型训练轮数为 300 轮;初始学习率设置为 0.01;采用余弦退火方式来调整学习率,权重衰减值为 0.000 5;批量设置为 32;动量参数设置为 0.937;优化器采用随机梯度下降法(stochastic gradient descent,SGD)。本章对比实验的超参数同上述参数保持

图 7-12 LabelImg 打开数据集界面

（请扫Ⅱ页二维码看彩图）

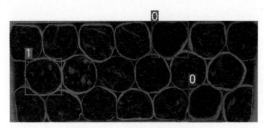

图 7-13 初始训练样本

（请扫Ⅱ页二维码看彩图）

一致，以保证各项检测指标结果值不会因参数变化受影响。

3. 消融实验结果分析

为验证本章算法的有效性，在自制烟支空稀头数据集上进行消融试验：基于 YOLOv5s 算法依次加入 3 种改进方法，以评价加入每种改进方法对算法性能的优化效果，消融实验结果如表 7-2 所示。

表 7-2 消融实验结果

组别	CBAM	BiFPN	轻量化	mAP@0.5/%	参数量（M）
1	—	—	—	91.6	7.01
2	√	—	—	92.7	7.12
3	√	√	—	94.5	7.25
4	√	√	√	93.7	5.35

由表 7-2 可以看出,CBAM-YOLOv5s 算法对比 YOLOv5s 算法,其 mAP@0.5 提升了 1.1%,但是参数量增加了 0.11M。CBAM-BiFPN-YOLOv5s 算法在此基础上的 mAP@0.5 提升了 1.8%,参数量增加了 0.13%。加入轻量化网络结构后,虽然 mAP@0.5 降低了 0.8%,但是相较于原始 YOLOv5s 算法,基于双向 CGhost-YOLOv5s 算法的 mAP 提升了 2.1%,参数量减少了 1.66M。由实验结果可以看出,改进后的模型不仅降低了参数量,将模型更加轻量化,而且提高了烟支空稀头检测的精度。

通过实验,绘制改进 YOLOv5s 算法与 YOLOv5s 算法的性能指标曲线,如图 7-14 所示,P、R、mAP@0.5 的值随迭代次数的增多,曲线稳定上升,改进 YOLOv5s 算法的 P、R 及 mAP@0.5 的值相比 YOLOv5s 算法都较高,证明该模型训练良好,具有较好的性能。

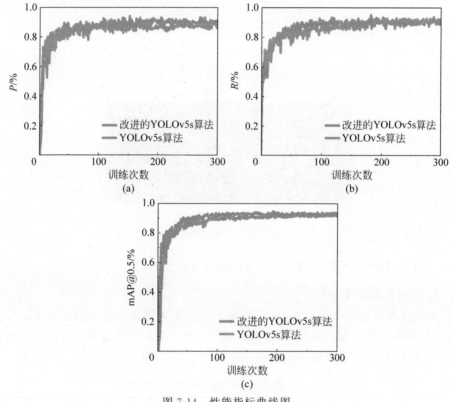

图 7-14　性能指标曲线图

(a) Precision；(b) Racall；(c) mAP@0.5

(请扫 Ⅱ 页二维码看彩图)

通过实验,绘制改进后模型训练损失函数收敛曲线,如图 7-15 所示,横轴表示迭代轮数,纵轴表示损失值。Box_loss 为定位损失,表示预测边界框与标定边界框之间的误差,值越小检测框的预测越准;Obj_loss 为置信度损失,表示预测框与标定框的差异,值越小检测准确率越高;Cls_loss 为分类损失,表示能否正确识别图像中对象,值越小正确率越高。由图 7-15 看出,改进后的模型的损失曲线下降趋势平滑,且收敛值低,定位损失、置信度损失和分类损失接近于 0,表明模型泛化能力强。

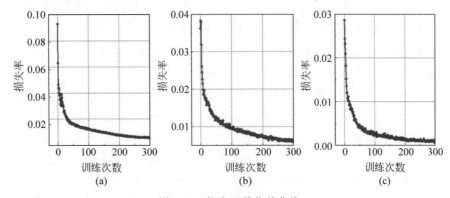

图 7-15　损失函数收敛曲线

(a) Box_loss;(b) Obj_loss;(c) Cls_loss

4. 对比实验结果分析

为了进一步验证本章所提出模型有较好的性能,因此,在相同数据集上与 Faster R-CNN、YOLOv4 模型进行实验对比,采用 P、R、mAP 和检测速度 4 项指标进行评估,实验结果如表 7-3 所示。

表 7-3　改进前后网络性能结果对比

模型	P/%	R/%	mAP@0.5/%	mAP@0.5:0.95/%	检测速度/(f/s)
YOLOv4	81.5	86.9	87.3	71	30
YOLOv5s	87.6	89.3	91.6	77	33
本章算法	89.8	91.8	93.7	81	41

通过表中不同算法对比发现,本章算法在各项指标上均表现出最优,特别是在 mAP 和检测速度方面,mAP@0.5% 为 93.7%,检测速度为 41f/s。改进后的模型达到实时性要求,说明了本章算法对检测烟支空稀头具有可行性。

7.2　基于改进的 YOLOv7 烟支空稀头缺陷检测算法

本节使用 YOLOv7 算法再次进行探索和改进,原因是改进后的 YOLOv5s 算法虽然已经能够满足一定的烟支空稀头缺陷检测需求,但在实际应用中可能还存在部分不足,其检测精度还有进一步提升的空间,而更先进的 YOLOv7 算法有可能解决这些问题,并且 YOLOv7 在模型结构和算法上均有所创新,引入了新的技术和思路,为烟支空稀头缺陷检测提供更多可能性。因此,选择 YOLOv7 算法进行持续优化和改进,可能会将烟支空稀头缺陷检测的精确度提高到一个更优秀的水平,从而实现更准确、更高效的缺陷识别。

7.2.1　基于全维注意力机制的 Re-YOLOv7 算法

在实际环境中,由于烟支空稀头的烟丝区域具有复杂性和多样性的特点,增加了判别的难度,并且易出现误检、漏检等问题,本节提出了一种基于全维注意力机制的 Re-YOLOv7 算法,改进后的网络结构图如图 7-16 所示。该算法采用全维动态卷积(omni-dimensional dynamic convolution, ODConv)[10] 取代主干网络 ELAN、ELAN-W 模块中的最后一个常规卷积,提供更广泛的感受野,改进后模块形成增强型高效层聚合网络全维动态卷积(efficient long-range aggregation network ODConv,ELANO)结构、ELAN-WO 结构。在模型中引入自注意力和卷积(self-attention and convolution,ACmix)[11],增强烟支空稀头的特征提取,避免出现误检漏检情况。最后将重参数化网络块(re-parameterization VGG block,RepVGG Block)来替代原有最大池化(max pooling two,MP2)模块的 3×3 卷积模块,形成最大池化重参数化(max pooling two-repVGG,MP2-R)结构,MP2-R 结构的改进使网络达到轻量化的目的,同时提高网络推理速度。

1. 自注意力和卷积

ACmix 模块由卷积和自注意力两个阶段构成,如图 7-17 所示。由图 7-17 可知,在上半部分,利用卷积操作从局部感受野中获取信息。首先,通过 3 个 1×1 卷积对 $H \times W \times C$ 的输入特征进行投影,得到 $3N$ 个尺寸为 $H \times W \times C/N$ 的特征。特征图经过 $3N \times k^2 N$ 的轻量级全连接层后,对生成后特征再进行位移、聚合以及卷积处理,得到 N 组为 $H \times W \times C/N$ 的特征。而在下半部分,利用自注意力机制,使网络在全局信息的考量下,更加关注关键区域。由第 4 章文献[1]可知,首先将 $3N$ 个特征图对应 3 个大小为 $H \times W \times C/N$ 的特征图,其次将其分别作为查询(query)、键(key)和值(value),经过一系列移位、聚合及卷积操作得到 $H \times W \times C$ 的特征图,最后对两个分支的输出进行合并处理,其强度由 α 和 β 两个可学习的标量控制,计算公式为

$$F_{out} = \alpha F_{att} + \beta F_{conv} \tag{7-4}$$

式中,F_{out} 表示路径的最终输出;F_{att} 表示自注意力分支的输出;F_{conv} 表示卷积注意力分支的输出;参数 α 和 β 的值均为 1。

ACmix 模块不仅具有两个模块的优点,并且成功地避免了两次相对复杂的投影操作;不仅能够更加关注全局特征和局部特征,并且有效提升了网络的检测效

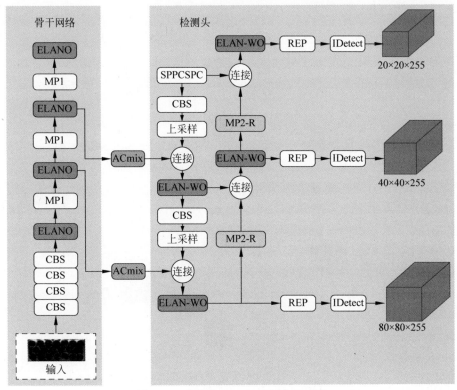

图 7-16　改进的 YOLOv7 网络结构图

（请扫Ⅱ页二维码看彩图）

果[12]。在主干网络和输出端网络之间引入 ACmix 注意力模块，可以提高网络对烟支空稀头重点区域的关注，改善由于烟丝填充的不规则性对烟支空稀头缺陷检测造成误判、漏检问题，虽然引入少量参数，但提升了模型的检测性能。

2. 全维动态卷积

ODConv 作为一个即插即用的卷积模块，利用多维注意力机制和并行策略，使模型在各个维度上的注意力更加准确，优化网络的表达能力。现有的条件卷积（conditionally convolution，CondConv）[13] 和动态卷积（dynamic convolution，DyConv）[14] 仅关注到卷积核数量的动态性，其不完善的结构限制了在深度学习网络中的表达能力，因此 ODConv 增加了 3 个维度，即输入通道、输出通道和空间维度，其计算公式为

$$y = (\alpha_{\omega 1} \odot \alpha_{f1} \odot \alpha_{c1} \odot \alpha_{s1} W_1 + \cdots + \alpha_{\omega n} \odot \alpha_{fn} \odot \alpha_{cn} \odot \alpha_{sn} W_n) * x \quad (7\text{-}5)$$

式中，$\alpha_{\omega n}$ 为卷积核 W_n 的注意力系数；α_{fn} 为空间通道维度的注意力系数；α_{cn} 为输入通道的注意力系数；α_{sn} 为输出通道维度的注意力系数；$\odot$ 代表沿内核空间不同维度的乘法运算；x 为输入图像；y 为输出图像。ODConv 示意图如图 7-18 所

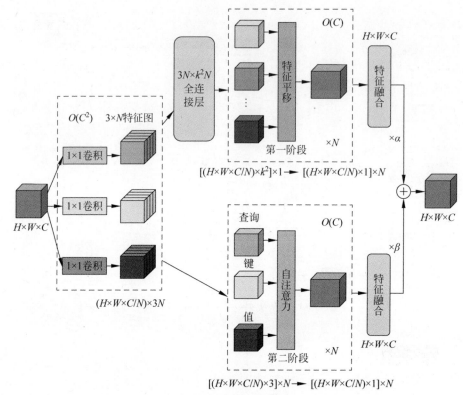

图 7-17　ACmix 原理图

（请扫Ⅱ页二维码看彩图）

示，其中"＊"代表卷积操作。由图 7-18 可知，ODConv 从 4 个维度学习互补注意力，实现所有维度动态卷积，从而提高模型的灵活性和准确性。

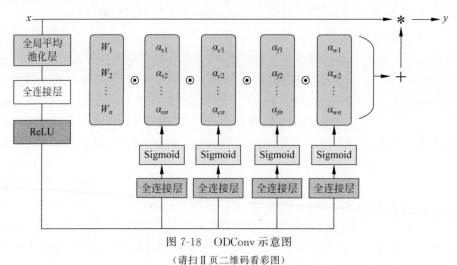

图 7-18　ODConv 示意图

（请扫Ⅱ页二维码看彩图）

　　YOLOv7 主干网络的 ELAN 模块和输出层网络中的 ELAN-W 模块都是由多个卷积组成的,区别在于输出层网络的 ELAN-W 模块中增加了两次拼接操作。因为 ELAN 结构已经达到饱和状态,所以选择对 ELAN 模块的输出卷积部分进行修改,改进的网络结构图如图 7-19 所示。由图 7-19 可知,采用 ODConv 模块取代 ELAN 模块中的最后一个常规卷积,可以提供更广泛的感受野,从而能够更好地捕捉目标的上下文信息,有助于提高目标检测的准确性,改进的模块形成 ELANO、ELAN-WO 结构。

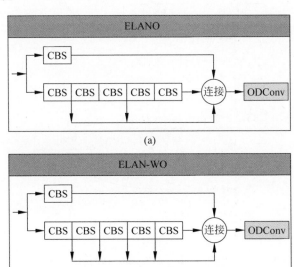

图 7-19　ELANO、ELAN-WO 结构
(a) ELANO 结构；(b) ELAN-WO 结构

3. 重参数化网络

　　视觉几何组(visual geometry group,VGG)使用块的思想,由 3×3 卷积和 ReLU 组成,在计算量上要小于单个大尺寸的卷积核,而且单路的网络结构在计算速度上也非常快[15]。Ding 等[16]基于 VGG 基础上设计了一种单路的极简架构网络即 RepVGG Block,整个网络结构由 3×3 的卷积和 ReLU 激活函数组成,RepVGG Block 结构图如图 7-20 所示。RepVGG Block 通过结构重参数化在训练时引入 1×1 卷积分支和残差分支,推理时合并分支成为串行结构。引入 RepVGG Block 网络结构,可以有效缓解深度网络中梯度消失问题,有助于网络更快地收敛。虽然这一结构在一定程度上增加了网络的训练复杂度,但在推理阶段通过结构重参数化融合策略,将所有网络层中的并行分支融合为 3×3 卷积层和 ReLU 卷积块,从而实现模型参数的大幅压缩,有效加快网络的推理速度,进而提升整体性能表现,使

网络在实际应用中具有更好的效率和性能。

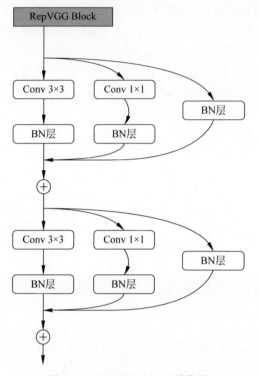

图 7-20　RepVGG Block 结构图

本章用 RepVGG Block 模块来替代原有 MP2 模块的 3×3 卷积模块,形成最大池化重参数化结构,引入该结构后,在保持较高精度的同时,使网络能够学习到更丰富的特征表示。MP2-R 结构图如图 7-21 所示,改进的模块能够有效地保留采集到的特征,提取复杂背景下目标的特征信息,同时加快网络的收敛速度,减少模型的推理时间,并且提高检测精度。

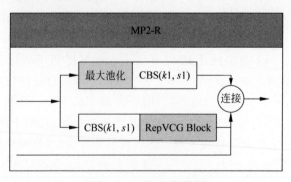

图 7-21　MP2-R 结构图

7.2.2　实验结果与分析

1. 实验环境与网络参数

实验在 Windows 操作系统环境下进行,使用 CPU 为 16 vCPU Intel(R) Xeon (R) Platinum 8350C CPU @ 2.60GHz,内存为 42GB,GPU 为 NVIDIA GeForcce RTX3090,显存为 24GB。使用编程语言为 Python,基于 Pytorch 搭建深度学习框架,其版本为 1.11.0,CUDA 版本为 11.3。

模型超参数设置包括以下内容:输入图像尺寸设置为 640×640;模型训练次数为 300;初始学习率设置为 0.01;采用余弦退火方式来调整学习率,权重衰减值为 0.000 5;批量设置为 32;动量参数设置为 0.937;优化器采用 SGD。本节对比实验的超参数同上述章节参数保持一致,以保证各项检测指标结果值不会因参数变化受影响。

2. 消融实验结果与分析

为验证基于全维注意力机制的 Re-YOLOv7 算法的有效性,在相同自制数据集下并保证环境配置和初始训练参数一致,基于 YOLOv7 网络设计以下 6 组消融试验,√表示使用该模块,第 1 组为原始 YOLOv7 算法,第 2 组、第 3 组及第 4 组为分别加入 3 种改进方法后得到的消融实验结果,第 5 组、第 6 组为依次叠加消融结果,消融结果如表 7-4 所示。

表 7-4　不同模块消融实验结果

组别	ELANO	ACmix	MP2-R	$P/\%$	$R/\%$	mAP@0.5/%	参数量/M
1	—	—	—	90.1	94.1	93.3	37.2
2	√	—	—	90.6	96.5	95	38.5
3	—	√	—	90.5	93.8	94.6	37.3
4	—	—	√	92.1	94.4	93.5	37.2
5	√	√	—	93.1	95.7	95.2	38.9
6	√	√	√	96.7	97.1	98.4	38.9

由表 7-4 可知,将原始 YOLOv7 算法中的 ELAN 结构改为 ELANO 和 ELAN-WO 结构后,其精确率(P)提升了 0.5%,召回率(R)提升了 2.4%,mAP@0.5 提升了 1.7%,提高了烟支空稀头检测能力;加入 ACmix 注意力机制后,比原始算法的 P 提高 0.4%,R 降低了 0.3%,mAP@0.5 提升了 1.3%,有效增强了烟支空稀头图像特征提取;将 RepVGG Block 模块来替代原有 MP2 模块的卷积模块,形成 MP2-R 结构后,比原始算法 P 提升了 2%,R 提升了 0.3%,mAP@0.5 提升了 0.2%,参数量保持不变,提高了特征提取和网络推理速度。从总体消融结果看,改

进 YOLOv7 算法对比原始 YOLOv7 算法，P 提升了 6.6%，mAP@0.5 提升了 5.1%，参数量增加了 1.7M，在只增加少量模型参数量和计算量的前提下，提高了烟支空稀头检测的精度。因此，从实验结果看，改进 YOLOv7 算法在烟支空稀头缺陷检测上具有较好的效果。

通过实验，绘制消融实验训练损失函数收敛曲线，如图 7-22 所示，图中横轴表示迭代轮数，纵轴表示损失值。定位损失，表示预测边界框与标定边界框之间的误差，值越小检测框的预测越准；置信度损失，表示预测框与标定框的差异，值越小检测准确率越高；分类损失，表示能否正确识别图像中对象，值越小正确率越高。由图 7-22 可知，引入 ODConv 结构比原始 YOLOv7 损失曲线有微弱下降趋势，但在引入 ACmix 注意力机制后，其损失函数曲线下降趋势明显，加入 RepVGG Block 网络实现效果最好，其损失曲线的收敛值最低，而改进 YOLOv7 算法的损失曲线下降趋势平滑，且收敛值最低，定位损失、置信度损失和分类损失接近于 0，表明该模型泛化能力更强，稳定性更高。

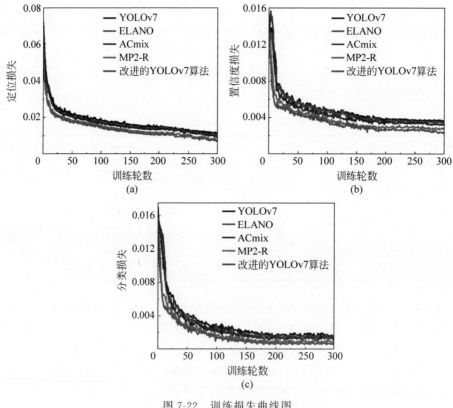

图 7-22　训练损失曲线图

(a) 定位损失；(b) 置信度损失；(c) 分类损失

（请扫Ⅱ页二维码看彩图）

3. 对比实验结果分析

为了进一步验证基于全维注意力机制的 Re-YOLOv7 算法在性能上的优越性，在相同的数据集上进行与其他目标检测算法的对比实验，其他算法包括 Faster R-CNN、SSD、YOLOv4、YOLOv5s 及 YOLOv7 算法，实验结果如表 7-5 所示。

表 7-5　对比实验结果

模　　型	$P/\%$	$R/\%$	mAP@0.5/%	参数量/M	浮点数运算量/G	检测速度/(f/s)
Faster R-CNN	81.6	84.5	82.7	136.8	401.7	15.2
SSD	75.1	72.9	77.8	24.01	274.4	25.4
YOLOv4	81.5	86.9	87.3	64.7	143.8	30.0
YOLOv5s	87.6	89.3	87.3	7.01	15.8	33.0
YOLOv7	90.1	94.1	93.3	37.2	105.1	38.2
改进的 YOLOv7 算法	96.7	97.1	98.4	38.9	94.7	35.4

由表 7-5 可知，Faster R-CNN 对比表中其他单阶段目标检测算法，参数量和运算量最大，检测速度最慢，不适用于实际工厂应用；SSD 算法的准确率和平均精度均值较低，检测效果较差；YOLOv4 的准确率和平均精度均值有所提升，但检测效果不显著，YOLOv5s 的检测效果较好；YOLOv7 的各项指标达到最高，但因其结构复杂，参数量和运算量较高；基于全维注意力机制的 Re-YOLOv7 算法与 YOLOv7 算法相比，P 提升了 6.6%，mAP@0.5 提升了 5.1%，参数量增加了 1.7M，浮点数运算量减少了 10.4G。总体来说，基于全维注意力机制的 Re-YOLOv7 算法检测烟支空稀头的效果较好。

绘制上述不同算法的每秒帧率对比，即 FPS 对比图，如图 7-23 所示。由图 7-23 可知，改进的 YOLOv7 算法的检测速度优于 Faster R-CNN 与其他单阶段目标检测算法，但相较于原始 YOLOv7 算法，因参数量增多，其检测速度降低了约 3f/s。因此，改进的 YOLOv7 算法在实际烟支空稀头检测应用中，满足实时性要求。

为了直观地体现实现效果，将不同算法的检测效果可视化，如图 7-24 所示。由图 7-24 中标注框上的置信度可以看出，SSD 算法检测效果最差，Faster R-CNN 算法与 YOLOv4 算法的检测效果较相近，但都存在烟支空稀头漏检情况。YOLOv5

检测效果相对较好,漏检、误检情况相对减少。YOLOv7 算法在烟支空稀头检测方面仍存在漏检的情况;而改进的 YOLOv7 算法误判或者漏检情况相对减少,并且置信度较高,这说明该模型在烟支空稀头检测效果中的有效性,检测精度明显上升。

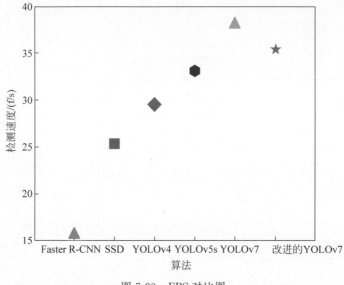

图 7-23　FPS 对比图

4. 两种优化后模型对比

本章设计了两种算法,分别是改进的 YOLOv5s 算法和改进的 YOLOv7 算法,两种改进后算法在速度和准确性上都有所提升。将改进的 YOLOv5s 算法与改进的 YOLOv7 算法进行对比实验,对比实验结果如表 7-6 所示。

表 7-6　两种优化后算法对比实验结果

模　　型	$P/\%$	$R/\%$	mAP@0.5/%	参数量/G	浮点数运算量/G	检测速度/(f/s)
改进的 YOLOv5s 算法	89.8	91.8	93.7	5.35	15.8	41
改进的 YOLOv7 算法	96.7	97.1	98.4	38.9	94.7	35.4

对比表 7-6 中的实验结果可知,改进的 YOLOv7 模型比改进的 YOLOv5s 模型检测的 P 提升了 6.9%,R 提升了 5.3%,mAP@0.5 提升了 4.7%,但因改进的 YOLOv7 模型的参数量和浮点数运算量大,导致模型检测速度变慢,检测速度降低 5.6f/s。将两种优化后算法的检测结果可视化,如图 7-25 所示。通过检测结果对比图可知,改进的 YOLOv7 算法的图片中烟支空稀头的置信度要高于改进的

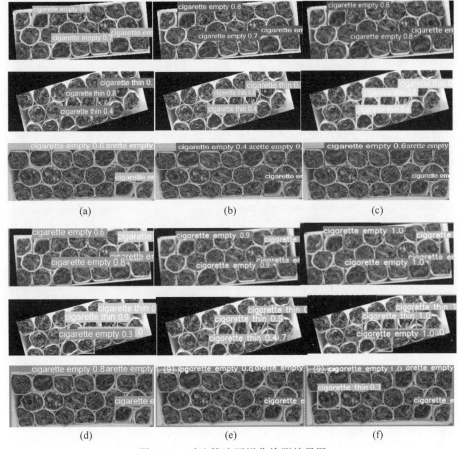

图 7-24　对比算法可视化检测效果图

（a）Faster R-CNN 算法；（b）SSD 算法；（c）YOLOv4 算法；（d）YOLOv5s 算法；（e）YOLOv7 算法；
（f）改进的 YOLOv7 算法

（请扫 Ⅱ 页二维码看彩图）

YOLOv5s 算法，并且改进的 YOLOv7 算法减少了漏检、误检现象。

改进的 YOLOv5s 算法在轻量化和推理速度上较优，适合于对实时性要求较高的场景，如移动端部署或嵌入式设备应用；而改进的 YOLOv7 算法则在模型精度和检测效果上更好，尤其在处理小目标和遮挡目标时表现更为出色，适合于需要更高检测精度的任务。因此，当需要在实时性和准确性之间进行权衡时，改进的 YOLOv5s 可以选择；而当对检测精度有更高要求时，则可以考虑选择改进的 YOLOv7 算法。本章确定网络模型默认为改进的 YOLOv7 算法，原因主要包括对检测精度方面因素的考虑。具体来看，改进的 YOLOv7 模型在各项指标上均有显著提高，表现更优秀。此外，改进的 YOLOv7 模型也具备较好的扩展性和适应性，能够满足不同场景和任务的需求。

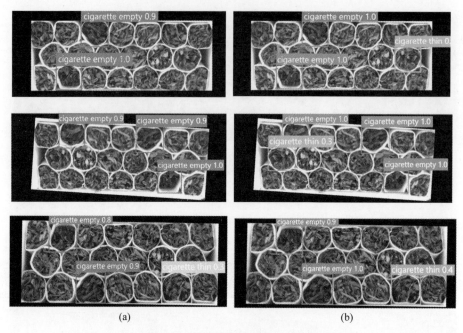

图 7-25　两种算法检测结果对比图

（a）改进的 YOLOv5s 算法；（b）改进的 YOLOv7 算法

（请扫Ⅱ页二维码看彩图）

7.3　本章小结

本章提出的基于双向 CGhost-YOLOv5s 算法，通过在颈部和头部之间加入注意力机制模块，使其更加关注烟丝区域信息；同时，颈部网络采用双向特征金字塔网络，增强特征融合；采用轻量化 Ghost 卷积来替换普通卷积，使用 C3Ghost 模块替换原来的 C3 模块，旨在设计轻量化网络结构以降低模型的复杂程度。实验结果表明，基于双向 CGhost-YOLOv5s 算法的精确率、检测速度等指标均有提升，检测性能较好，并且有效改善了检测烟支空稀头漏检和误检问题。

在改进的 YOLOv5s 算法的基础上通过引入 ELANO、ELAN-WO 结构提高了模型检测的泛化能力，注意力机制的加入使模型获得更丰富的特征信息，MP2-R 结构利用大卷积核结构的优势使模型更加轻量化。实验结果表明，基于全维注意力机制的 Re-YOLOv7 算法相比原始 YOLOv7 算法，P 提升了 4.5%，mAP@0.5 提升了 4.1%。使用 Faster R-CNN、SSD、YOLOv4、YOLOv5s、YOLOv7 5 种算法与本章所提出的改进的 YOLOv7 算法进行对比，结果表明改进的 YOLOv7 算法检测性能较好，有效改善了检测烟支空稀头漏检和误检问题。

参考文献

[1] KHALFAOUI A，BADRI A，MOURABIT I E. Comparative study of YOLOv3 and YOLOv5's performances for real-time person detection［C］. 2022 2nd International Conference on Innovative Research in Applied Science，Engineering and Technology (IRASET)，Meknes，2022：1-5.

[2] LIN T Y，DOLLÁR P，GIRSHICK R，et al. Feature pyramid networks for object detection ［C］. 2017 IEEE Conference on Computer Vision and Pattern Recognition (CVPR)，Honolulu，2017：936-944.

[3] LIU S，QI L，QIN H F，et al. Path aggregation network for instance segmentation[C]. 2018 IEEE/CVF Conference on Computer Vision and Pattern Recognition，Salt Lake City，2018：8759-8768.

[4] WOO S H，PARK J C，LEE J Y，et al. CBAM：convolutional block attention module[J]. European conference on computer vision (ECCV)，Berlin，2018：3-19.

[5] 王鹏飞，黄汉明，王梦琪. 改进 YOLOv5 的复杂道路目标检测算法[J]. 计算机工程与应用，2022，58(17)：81-92.

[6] TAN M X，PANG R M，LE Q V. EfficientDet：scalable and efficient object detection[C]. 2020 IEEE/CVF Conference on Computer Vision and Pattern Recognition (CVPR)，Seattle，2020：10778-10787.

[7] 仇娇慧，贝绍轶，尹明锋，等. 基于改进 YOLOv5s 的齿轮表面缺陷检测[J]. 现代制造工程，2022(3)：104-113.

[8] GOMES R，ROZARIO P，ADHIKARI N. Deep learning optimization in remote sensing image segmentation using dilated convolutions and shufflenet[C]. 2021 IEEE International Conference on Electro Information Technology (EIT)，Mt. Pleasant，2021：244-249.

[9] HAN K，WANG Y，TIAN Q，et al. GhostNet：more features from cheap operations[C]. 2020 IEEE/CVF Conference on Computer Vision and Pattern Recognition (CVPR)，Seattle，2020：1577-1586.

[10] LI C，ZHOU A，YAO A. Omni-dimensional dynamic convolution[EB/OL]. (2022-09-16) ［2022-11-05］. https://arxiv. org/pdf/2209.07947.

[11] PAN X，GE C，LU R，et al. On the integration of self-attention and convolution[C]. 2022 IEEE/CVF Conference on Computer Vision and Pattern Recognition (CVPR)，New Orleans，2022：805-815.

[12] ZHANG Y，SUN Y P，WANG Z，et al. YOLOv7-RAR for urban vehicle detection[J]. Sensors，2023，23(4)：1801.

[13] CHEN Y P，DAI X Y，LIU M C，et al. Dynamic convolution：attention over convolution kernels[C]. 2020 IEEE/CVF Conference on Computer Vision and Pattern Recognition (CVPR)，Seattle，2020：11027-11036.

[14] YANG B，BENDER G，LE Q V，et al. CondConv：conditionally parameterized convolutions for efficient inference ［EB/OL］. (2019-05-10) ［2020-09-04］. https://arxiv. org/abs/

1904.04971.

[15] 刘春雷,李志华,王超,等.一种融合 RepVGG 和 YOLOv5 的行人检测方法[J].科学技术与工程,2023,23(7):2945-2951.

[16] DING X H,ZHANG X Y,MA N N,et al. RepVGG:making VGG-style convnets great again[C]. 2021 IEEE/CVF Conference on Computer Vision and Pattern Recognition (CVPR),Nashville,2021:13728-13737.

烟支空稀头缺陷检测管理系统设计与实现

在烟草生产过程中,烟支空稀头是一种常见的品质问题。因此,对烟支空稀头的缺陷检测和管理成为提升烟草品质的重要环节。目前,虽然烟支空头能实现自动化检测,但稀头的质量检测往往都是由人工进行检测的。第 7 章中提出了两种改进后的模型,分别为改进的 YOLOv5s 模型和改进的 YOLOv7 模型,为实现自动化的质量检测提供了必要的理论和操作指南。本章将设计并应用一套烟支空稀头缺陷检测管理系统,为实现工厂中烟支空稀头质量检测提供可行性和技术支持。

8.1 烟支空稀头缺陷检测管理系统概述

8.1.1 软硬件环境配置

1. 系统硬件配置

烟支空稀头缺陷检测管理系统需要一定的硬件配置来支持深度学习算法的执行和实时检测,因为在网络模型的模拟训练过程中,参数数量较大,占用相当大的空间。为满足基本需求,计算机软硬件配置需选取强劲的中央处理器、大容量内存和适当的存储设备。综合考虑这些因素,为确保烟支空稀头系统的硬件配置能够有效地支持模型训练和数据处理任务,选取 NVIDIA 显卡,以加快计算速度和缩短训练时间。系统硬件配置如表 8-1 所示。

表 8-1　系统硬件配置

操 作 系 统	Windows 10
CPU	i5-5200U
GPU	NVIDIA GeForce RTX 3090
RAM	24G
硬盘容量	1T

2. 系统软件配置

烟支空稀头缺陷检测系统的开发采用 Python 语言进行,基于 Pytorch 搭建深度学习框架,系统的图形化界面则通过 PyQt5 库来设计和实现,检测结果则通过采用 MySQL 进行存储。除模型训练所需的库外,软件配置还包括相关工具对数据进行可视化处理,以便研究各项数据和性能指标。系统软件配置如表 8-2 所示。

表 8-2　系统软件配置

安装包名称	版　　本	功　　能
CUDA	10.0	创建经 GPU 加速的高性能应用程序
CUDNN	7.6.5	加速 GPU 的计算
tensorboard	2.6.0	可视化处理训练过程中产生的日志文件
Pytorch	1.9.1	增强数据集和预训练模型
PyQt5	5.15.4	用于图形化的界面开发
MySQL	5.7	存储检测结果

8.1.2　系统开发工具介绍

1. PyQt5 界面设计工具

PyQt5 是一个流行的 Python GUI 框架,用于创建跨平台的桌面应用程序,并提供丰富的功能和工具,其中包括用于界面设计的 Qt Designer,Qt Designer 提供了直观的可视化界面,开发人员可以通过拖放方式快速设计和布局界面元素,如按钮、文本框、标签等,并且支持丰富的控件库,开发人员可以选择各种不同类型的控件来构建用户界面,满足不同的需求。Qt Designer 界面开发工具如图 8-1 所示。Qt Designer 与 PyQt5 紧密集成,可以直接将设计好的界面文件(. ui 文件)导入 PyQt5 项目中进行使用。开发人员通过 Qt Designer 可以在短时间内设计出美观、交互性强的界面,加快应用程序的开发进度,同时结合 PyQt5 的强大功能和灵活性,可以实现更复杂的应用程序需求。

2. MySQL 数据库

MySQL 是一种流行的开源关系型数据库管理系统,具有高性能、稳定性和安全性,支持跨平台运行。作为灵活且易于使用的数据库,MySQL 被广泛应用于各种规模的企业应用、Web 应用程序和云计算环境中,为用户提供强大的数据存储和管理功能。作为开源软件,首先,MySQL 提供了免费的社区版,使用户可以免费获取并使用数据库系统,同时也有企业版可供选择,提供更多高级功能和支持。其次,MySQL 采用标准的 SQL 语言作为数据查询和管理的接口,用户可以通过简单

图 8-1　Qt Designer 界面开发工具

而强大的 SQL 语句进行数据操作,实现高效的数据管理。MySQL 以其出色的性能著称,它能够快速处理大规模的数据,具有优秀的读写性能和并发处理能力,适用于各种复杂的数据操作场景。最后,MySQL 具有良好的稳定性和可靠性,经过广泛的测试和验证,在大规模应用中表现出色,可以为用户提供稳定的数据存储和管理环境。

8.2　烟支空稀头缺陷检测管理系统的总体设计

8.2.1　功能需求分析

烟支空稀头缺陷检测管理系统作为一种质量控制实现平台,采用最新的深度学习技术,及时准确地识别出烟支是否存在空头、稀头等缺陷。借助于烟支空稀头缺陷检测平台不仅可以有效地监控烟支产品质量,还可以大幅降低处理烟支缺陷的人工时间和成本。烟支空稀头缺陷检测系统的功能需求主要包括以下几点:

(1)缺陷检测:烟支空稀头缺陷检测平台要能准确识别出烟支空稀头缺陷,以及定位缺陷的具体位置,并且检测精度要满足企业的需求,如果检测出现错误或漏检,将对烟支生产质量产生重大影响。

(2)检测方式:烟支空稀头缺陷检测平台应该具备多样的检测方式,包括网络模型算法文件的选择,检测的数据来源包括图像及摄像头拍摄的图像,同时还要具备开始检测和暂停检测等功能。

（3）结果呈现与存储：系统将检查结果以直观、易理解的方式展示,并且能够储存检测结果,实现对检测总数、缺陷总数、各类别的缺陷总数进行记录,显示开始检测时间和检测任务完成时间,将检测结果记录在数据库中,便于后续分析和追溯。

8.2.2　系统结构设计

1. 系统功能设计

根据以上需求分析,烟支空稀头缺陷检测平台主要设置 5 个功能模块,分别为展示模块、算法选择模块、进程控制模块、统计模块和计时模块。烟支空稀头缺陷检测平台结构图如图 8-2 所示。其中,展示模块负责展示烟支空稀头缺陷检测前后的原始图像与检测结果之间的对比,为用户提供直观的视觉反馈；算法选择模块允许用户根据需求选择当前可用的两种算法之一,调整参数后进行烟支空稀头缺陷的检测；进程控制模块提供开始、结束和中途暂停检测的功能,使用户能够对检测流程进行控制；统计模块记录检测图像的总数以及各类缺陷品的数量,包括空头和稀头缺陷,从而提供对检测结果的统计信息；计时模块记录每张图片的检测时间,用于评估检测效率和性能。

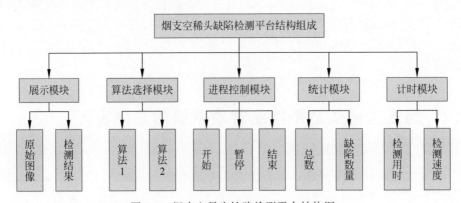

图 8-2　烟支空稀头缺陷检测平台结构图

2. 系统工作流程

烟支空稀头缺陷检测管理系统的工作流程有助于系统开发、测试以及后续的维护和优化工作,工作流程如图 8-3 所示。操作人员首先进入系统主界面,然后操作人员需要加载预先训练好的模型权重文件,以确保检测系统可以准确识别和分析烟支空稀头缺陷,如果加载失败,检测平台提供错误提示并允许重新加载。选择检测方式后,操作人员可以通过点击"开始检测"按钮启动缺陷检测。系统将逐帧处理图像数据,识别并标记出检测到的缺陷区域。同时,系统提供"暂停检测"功能,以便操作人员在需要时暂停检测过程。在检测过程中,系统会实时展示检测到的缺陷信息,包括缺陷类型、位置、数量等。这样操作人员可以及时查看并确认检测结果。检测完成后,系统提供保存检测结果的功能,便于操作人员将检测到的烟支空稀头缺陷信息保存到本地或数据库中,以备后续分析和记录。

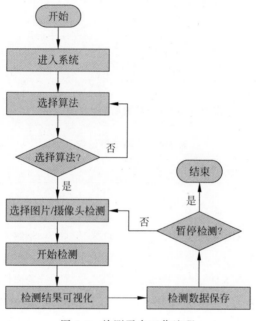

图 8-3　检测平台工作流程

3. 数据库存储设计

通过将烟支空稀头缺陷检测结果存储在数据库中,系统不仅可以实现数据的结构化存储,还可以使数据的插入、检索、更新和删除变得非常容易和高效。有效记录系统的检测结果,如任务名称、检测方式、图片数量等,使得所有数据得到有序、易查的归档和管理,为系统提供更强大的功能和灵活性。检测结果实体联系模型(E-R)图如图 8-4 所示。

将每次进行烟支空稀头缺陷检测的结果记录插入数据库表中,检测结果记录表如表 8-3 所示。可以通过执行查询语句来检索特定任务名称、检测方式或其他信息的记录,实现数据的快速查询和管理,并编写程序将数据库中的检测结果按照 txt 文件格式导出,以便进行备份。

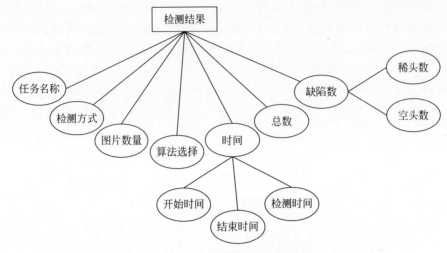

图 8-4　检测结果 ER 图

表 8-3　检测结果记录表

字段名	字段类型	字段长度	非空	主键	注　　释
ID	INT	—	YES	YES	检测结果主键
TaskName	VARCHAR	255	YES	NO	任务名称
DetectionMethod	VARCHAR	255	YES	NO	检测任务的检测方式
ImageCount	INT	—	YES	NO	图片数量
AlgorithmChoice	VARCHAR	255	YES	NO	检测任务所采用的算法名称
StartTime	DATETIME	—	YES	NO	开始时间
EndTime	DATETIME	—	YES	NO	结束时间
DetectionTime	INT	—	YES	NO	检测任务的总执行时间
TotalCount	INT	—	YES	NO	烟支总数
DefectCount	INT	—	YES	NO	总缺陷数
EmptyHeadCount	INT	—	YES	NO	空头数
ThinHeadCount	INT	—	YES	NO	稀头数

8.3　烟支空稀头缺陷检测管理系统的功能实现

　　烟支空稀头缺陷检测管理系统能够对图片进行检测,同时能对摄像头捕捉到的实时影像进行精准的缺陷检测。进入烟支空稀头缺陷检测系统后,打开烟支空稀头缺陷检测管理系统初始界面,初始界面如图 8-5 所示。打开图片检测或摄像头检测,烟支空稀头缺陷检测系统获取图片或摄像机拍摄的烟支空稀头表面图像,点击"开始"按钮后,同步在原图框中展示该图像,系统开始空稀头缺陷检查,如果图像中包含缺陷,则对缺陷区域进行标记,并将标记后的图像显示在检测结果框内,同时统计模块中相应的缺陷数量增加,完成烟支空稀头的检测后,系统自动保存运行日志。当系统接收到暂停或结束指令时,系统不再进行检测。系统进程结束后,操作人员不再使用时,可以选择点击"退出"按钮退出。

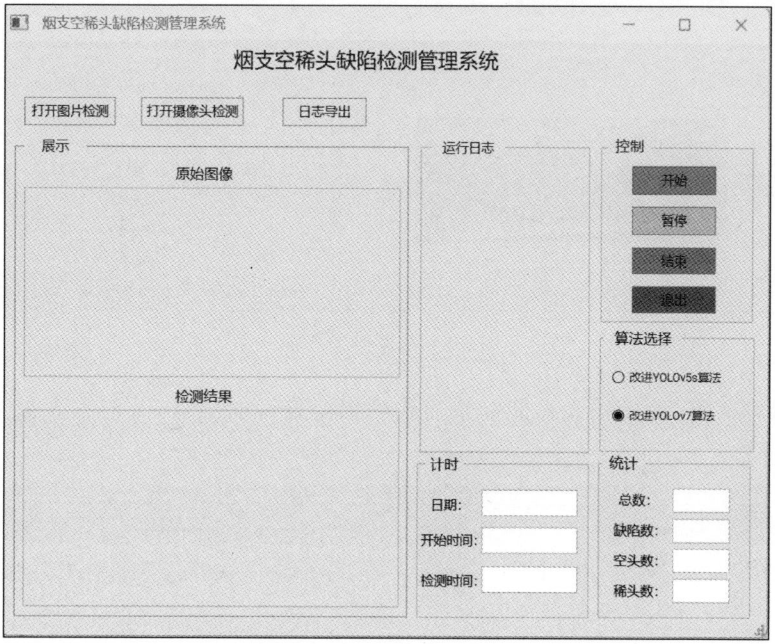

图 8-5 系统初始界面

为了全面验证烟支空稀头缺陷检测管理系统的缺陷检测识别能力,挑选 50 张具有代表性的烟支空稀头缺陷检测图片进行验证。在这 50 张图片中,烟支端面的总数为 1 000,其中缺陷数为 23,空头数为 15,稀头数为 8。对烟支空稀头缺陷检测管理系统的检测结果进行对比分析,检测结果界面如图 8-6 所示。

烟支空稀头缺陷检测软件在整个检测过程中能够正确显示原始图像和检测结果,软件的进程控制模块、统计模块、计数模块均能正常工作。运行日志可查看最近缺陷检测详细信息,使用系统的"日志导出"功能,导出日志记录界面如图 8-7 所示。日志详细地记录了空稀头缺陷事件信息,包括发生时间、持续时

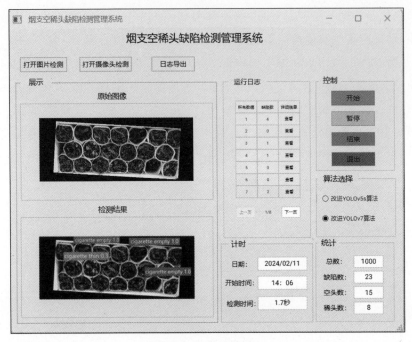

图 8-6　检测结果界面

间、检测速度等，使操作人员能够快速找到想要查询的信息，及时发现异常情况，并进行处理。

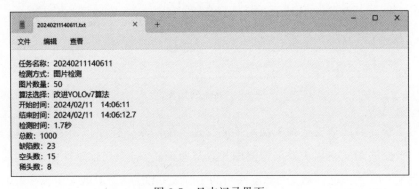

图 8-7　日志记录界面

打开摄像头，对烟支空稀头进行实时观察和检测，首先需要确保摄像头已经正确地连接到系统中，在系统开启之后，通过点击"打开摄像头检测"按钮，即可进入摄像头的界面，点击"开始"按钮后，进行实时监控和检测，本次实验开启 60s 的摄像头缺陷检测。摄像头检测结果界面如图 8-8 所示。

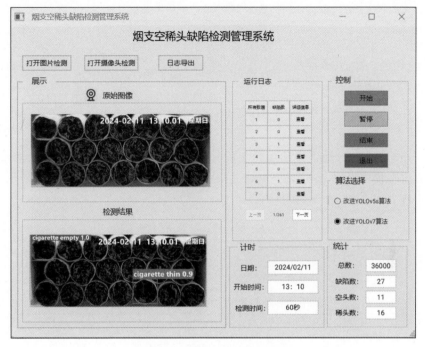

图 8-8　摄像头检测结果界面

8.4　烟支空稀头缺陷检测管理系统的测试与分析

在软件开发生命周期中,软件测试是确保软件质量和稳定性的关键步骤。通过测试,可以全面地评估软件的性能,发现潜在的缺陷或功能问题并及时修复。软件测试不仅可以提高软件的质量,还有助于降低整体开发成本。为了验证系统中各个模块与按钮的功能运行且交互正常,逐一测试每个模块的功能,确保每个模块能够按照设计要求正常工作,保证烟支空稀头缺陷检测系统的功能可预期执行,因此分别对检测方式、展示模块、算法选择模块、控制模块、统计和计时模块、日志模块进行测试。通过这些测试,确保烟支空稀头缺陷检测系统的各项功能能够可靠地执行,从而提高生产效率和产品质量。

（1）对检测方式进行验证,点击"打开图片检测"按钮,系统能够响应并打开文件选择窗口后,选择测试图像;点击"打开摄像头检测"按钮,系统能够启动摄像头,并切换至实时检测模式,摄像头对准烟支端面,系统能够实时显示摄像头捕获的画面。检测方式测试用例表如表 8-4 所示。

表 8-4　检测方式测试用例表

主模块名称	子模块名称	测试用例	功 能 描 述	测试结果
检测方式	打开图片检测	验证打开图片检测功能	点击打开图片检测按钮,系统正确打开待检测图片	通过
	打开摄像头检测	验证打开摄像头检测功能	点击打开摄像头检测按钮,系统正确启动摄像头	通过

（2）展示模块的测试需确保系统能够正确加载并显示原始图像和检测结果。测试方法是使用预定义的数据输入,然后将输出与预期结果进行比较。展示模块测试用例表如表 8-5 所示。

表 8-5　展示模块测试用例表

主模块名称	子模块名称	测 试 用 例	功 能 描 述	测试结果
展示模块	原始图像	验证原始图像展示功能	对应原始图像可以正常展示	通过
	检测结果	验证检测结果展示功能	对应检测结果可以正常展示	通过

（3）控制模块根据功能设置进行测试,验证其功能是否都能正常运作。测试点击“开始”按钮后,系统是否能够正常启动并开始运行检测程序。点击“暂停”按钮后,系统是否能够暂停当前检测进程,并在需要时继续检测。测试点击“结束”按钮后,系统是否能够正确结束当前检测进程并返回到初始状态。测试点击“退出”按钮后,系统是否能够安全退出程序,关闭所有资源并返回到操作系统界面。控制模块测试用例表如表 8-6 所示。

表 8-6　控制模块测试用例表

主模块名称	子模块名称	测试用例	功 能 描 述	测试结果
进程控制模块	开始	验证开始功能	点击开始按钮,系统成功开始检测任务	通过
	暂停	验证暂停功能	点击暂停按钮,系统成功暂停检测任务	通过
	结束	验证结束功能	点击结束按钮,系统成功结束检测任务	通过
	退出	验证退出功能	点击退出按钮,系统成功关闭	通过

（4）算法选择模块的测试需要确保能正确识别并使用适合的算法,并观察是否能准确地返回预期的结果。算法选择模块测试用例表如表 8-7 所示。

表 8-7　算法选择测试用例表

主模块名称	测试用例	功能描述	测试结果
算法选择模块	验证算法选择功能	选择其中一个算法,选择成功	通过

（5）统计和计时模块的测试旨在验证其能够准确记录和统计缺陷品的数量,并精确测量每张图片的检测时间。为了测试这两个模块,根据输入一组样本数据进行检测,验证系统是否正确统计总数、缺陷数、空头数和稀头数,验证系统是否正确记录日期、时间和检测时间。统计和计时模块测试用例表如表 8-8 所示。

表 8-8　统计和计时模块测试用例表

主模块名称	子模块名称	测试用例	功 能 描 述	测试结果
统计模块	总数	验证总数	总数与检测内容数据一致	通过
	缺陷数	验证缺陷数	缺陷数与检测内容数据一致	通过
	空头数	验证空头数	空头数与检测内容数据一致	通过
	稀头数	验证稀头数	稀头数与检测内容数据一致	通过
计时模块	日期	验证日期	日期与当天检测日期一致	通过
	开始时间	验证开始时间	开始时间与任务开始时间一致	通过
	检测时间	验证检测时间	运行检测过程,检测时间符合预期	通过

（6）日志模块的测试主要包括运行日志测试和日志导出功能测试。运行日志测试：确保在系统的各个阶段都有日志产生。每次操作发生时,都应该有符合预期的日志。日志导出功能测试：测试导出功能的可用性,点击"日志导出"按钮后,文件是否成功生成。验证导出的日志文件的格式是否正确,并检查导出后的内容是否完整,与原始日志数据相比是否有缺失或错误。日志模块测试用例表如表 8-9所示。

表 8-9　日志模块测试用例表

主模块名称	子模块名称	测试用例	功 能 描 述	测试结果
日志模块	运行日志	验证运行日志	运行日志可正常查看	通过
	日志导出	验证日志导出功能	导出成功,导出的数据展示正常	通过

通过以上对烟支空稀头缺陷检测管理系统的功能测试,结果表明系统通过了所有的功能测试,在控制、统计、计时、算法选择和日志导出等方面的可靠性。进一步证明本章所设计的系统能够有效地满足应对功能需求,并确保准确、高效地完成烟支空稀头缺陷的检测任务,为系统在实际生产环境中的应用提供了坚实的基础,为提高生产效率和产品质量提供了有力支持。系统的功能完备性和性能稳定性,会为行业带来新的技术解决方案,将在未来的工业应用中发挥重要作用。

8.5　本章小结

为了使本章研究更加具有实际意义,将改进后算法与系统相结合进行整体设计和实现。首先对系统的开发环境与工具进行简要概述,包括数据库和 PyQt5 界面设计开发工具。根据需求对系统功能进行架构分析与设计,实现烟支空稀头缺陷检测管理系统的应用开发,对界面的功能进行说明。完成基本的设计和功能实现后,对烟支空稀头系统进行功能测试,结果表明该系统整体上能满足实际的需求。

第9章

基于改进的YOLOv7-tiny算法的吸烟目标检测研究

目前,大多数吸烟检测仍然是通过烟雾报警器以及人工检测2种方式检测的,尤其是在较为流通的空气中,检测起来耗时、费力,还难以做到实时精确检测,而且容易漏测。近年来,深度学习在智能监控自动驾驶、自然语言处理和医疗保健等领域的应用日益广泛,其高效性和节约人力成本的特性使其成为研究的热点。在此背景下,如何更高效地将深度学习与吸烟目标实时检测相结合,已成为当前的研究热点。

当前,众多研究者已将深度学习的方法运用在小目标检测领域,并取得了显著的成果。复杂场景下的吸烟行为的检测属于小目标检测,在文献[1]中基于YOLOv3提出了基于手势的吸烟检测,但是由于 YOLOv3-Tiny 算法对于小目标的检测精度较低,并且在复杂环境下,容易受到光照等因素的影响造成检测精度大幅降低。Bochkovskiy 等[2]提出了 YOLOv4-Tiny 算法,该算法在 YOLOv4 算法的基础上,采用特征金字塔提取不同尺度的特征图,算法专注于小目标检测,并在网络结构上进行了优化,尽量减少参数量和计算量,以提高小目标检测的精度,但是对极小目标检测存在不足。Jocher 等[3]提出 YOLOv5 算法,该算法在网络结构设计和训练策略上进行了改进,采用了一种基于 CSPDarknet53 的网络结构,尝试提高对小目标的识别精度。然而,其速度优势可能会牺牲一定的小目标识别精度,尤其是在低分辨率或高度复杂的场景下。文献[4]采用 YOLOv5 对油田现场进行吸烟检测,该文章对 YOLOv5 的 4 种训练模型进行了训练测试,最后确定YOLOv5s 模型用时最短、检测速度最快。该文章对 YOLOv5s 模型实时性上有欠缺,尤其是在油田环境下,实时性要求极高。文献[5]对 YOLOv5 的自注意力变换(CotNet Transformer)模块利用上下文变换器(contextual transformer,COT)模块进行改进,融合上下文信息挖掘与自注意力机制,增强输出聚合特征。该算法在一定程度上对于轻量化体现不够,导致实时性较差。YOLOv6 模型[6]基于混合通道(hybrid channels)策略对检测头进行了解耦,解决了边框与回归类耦合的问题。Wang 等提出了 YOLOv7 算法[7],该算法采用了重参数化卷积,以在确保模型性能的同时对网络进行加速。具有更好的训练速度和检测精度,它集成了数据强化、权值初始化、学习率调整等多种优化技术,使用多分支堆叠结构进行特征提取,通过一个大的残差边来辅助模型优化,采用 PANet 模块,实现不同特征层之间的信息交互和融合,提高了模型的精度和鲁棒性,使得复杂场景下的检测目标的准确性更高。但是 YOLOv7 算法计算量较大,使得计算速度较慢,实时性较差。

Liu 等[8]提出 SSD(single shot multibox detector)算法,该算法具有多尺度特征图,能够更好地适应不同尺寸的目标检测,适用于小尺寸目标。但是在处理极小目标时性能可能较差,对极小目标的定位精度不高。李波等[9]采用改进的 34 层残差网络作为 Faster R-CNN[10]主干网络,虽然平均精度有显著提升,但是算法检测效率低。Duan 等[11]提出 CenterNet 算法,该算法通过预测目标的中心点和边界框来实现目标检测,适用于小目标和稀疏目标的检测。但是在复杂场景下的目标检测可能不够准确,对密集型目标的处理能力有限。YOLOv7-tiny 算法[7]的计算量和参数量相较于 YOLOv7 算法更低,其网络的主干网络部分主要由轻量化的 MP、ELAN、SPPCSPC 结构及最大池化 MaxPool 模块组成,检测头部分采用传统的 FPN 结构,产生的特征图层为大、中、小 3 层[12]。对于 YOLOv7-tiny 算法的改进,袁梦等[13]引入路径聚合特征金字塔(PAFPN)网络、gnCSP 模块和 SPD-Conv 模块,在缩小网络大小的同时提升了网络精度,该算法主要针对的是钢材零件表面的微小缺陷,而钢材零件表面缺陷背景单一,并且无遮掩,因此该算法并不适用于小目标众多且环境复杂的吸烟检测情况;赵敏等[14]引入 EPSANet Block 金字塔拆分注意力模块、设计参数量更少的 Tiny-BiFPN 结构、采用定位损失函数 SIoU Loss 计算损失,用于工地安全帽的检测,而安全帽特征较为明显、目标较大,因此该算法不适合于小目标检测。以上对于 YOLOv7-tiny 算法的改进虽然效果不错,但是无法直接用于吸烟目标的检测,将 YOLOv7-tiny 算法直接应用到吸烟检测时,仍存在一些问题:①对于极小目标(如小于 10×10)的识别仍然存在一定困难,容易产生漏检或误检;②在密集场景中,目标重叠或遮挡等问题对于吸烟目标检测提出了挑战,影响了小目标检测的准确性;③吸烟检测场景环境复杂,容易阻碍网络提取特征信息。

针对以上问题,增加本章提出的 EMSA 模块、Slim-Gather-and-Distribute(S-GD)机制,并采用 NWD 损失函数,提出了 SGEN-YOLOv7-tiny 算法,通过本章提出的 EMSA 注意力模块,保留待检测目标更多关键特征,使网络关注到更多小目标,提高网络对特征较少目标的检测能力;通过 S-GD 机制,提升深度卷积神经网络的性能;采用更为先进的 NWD 损失函数计算损失,提高网络训练精度。

9.1　本章算法

基于 YOLO 系列的目标检测算法在精度和速度上相对与传统的 RCNN 等方法更

具有优势。虽然 Faster R-CNN 算法在速度和精度上更接近于实时,但是受 RoI 池化层的影响,使该算法在检测过程中出现计算冗余,从而导致模型整体运行速度降低。

在 YOLOv7 算法的基础上,本章面向 GPU 架构的轻量型模型构建了 YOLOv7-tiny 算法,其具有更小的体量和更快的检测速度。YOLOv7-tiny 算法不仅进行上采样特征融合,同时利用下采样采集更合适的特征信息,针对于本章的吸烟目标的小目标检测,采用尺寸较大的特征携带的信息层适配小目标。

9.1.1　YOLOv7-tiny 算法

YOLOv7-tiny 算法的网络结构如图 9-1 所示,其中输入部分对输入图片使用 mosaic 数据增强与自适应锚框计算方式进行预处理。主干部分由数个 CBL 模块、ELAN 层与 MP 层共同构成,其中 CBL 模块由 conv 层、BN 层与激活函数 LeakyRilu 组建,ELAN 模块由最长和最短的梯度路径构成,通过最短路径堆叠更多网络模块,学习更多特征。MP 模块由 2 个分支组成,第一个分支首先利用最大池化实现了下采样,接着利用一个 1×1 的卷积实现通道数的改变。MP 另一条分支为 3×3 的卷积核步长为 2 的卷积,实现了下采样。颈部部分采用 SPPCSPC 与 PAN 结构融合各层特征检测不同类尺度的目标,SPPCSP 模块连接主干部分与颈部部分,SPP 的作用是实现不同特征尺度信息的融合,利用 4 个不同尺度的最大池化进行处理,最大池化的池化核大小分别为 13×13、9×9、5×5、1×1。CSP 模块为两部分,一部分进行了 SPP 结构处理,另一部分通过 1×1 的卷积进行通道数处理,最终将两部分进行连接。SPPCSP 实现了不同特征尺度信息的融合,并且减少

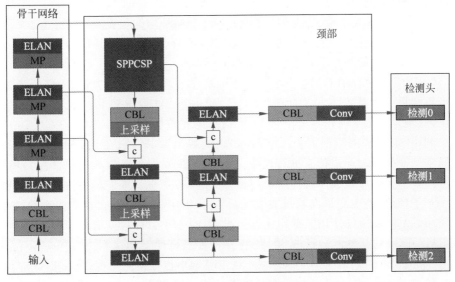

图 9-1　YOLOv7-tiny 网络架构

(请扫 II 页二维码看彩图)

了计算量，实现了速度的提升，YOLOv7-tiny 在检测头的最后将 Conv 替换为 RepConv。训练阶段由多分支组成 3×3、1×1、identity（映射）3 个分支构成，计算阶段变成了只有一个 3×3 卷积，减少了参数量，加快了计算速度。

9.1.2　SGEN-YOLOv7-tiny 网络模型

本章算法在 YOLOv7-tiny 的基础上，提出了 SGEN-YOLOv7-tiny 算法，网络结构如图 9-2 所示。

首先，在特征提取阶段，在 ELAN 模块中增加了下面要提出的 EMSA 模块，保留待检测目标更多关键特征，提高检测精度；其次，将 GD 机制[15]中 Low-IFM 模块融合 GSConv[16]进行轻量化改进，提出 Slim-Low-IFM 模块，加强模型的非线性表达；最后，为有效减少特征通道的数量，提高模型的检测效率和准确性，基于 Slim-neck 算法中的 VoV-GSCSP[16]进行了轻量化的改进，形成 VoV-GSCSPC 算法，实现 Inject 模块的改进，降低复杂度，提升模型的运行速度。经过上述改进，提出了 S-GD 机制，代替传统 FPN 结构。最后，该算法采用 NWD 损失函数[17]计算损失，更适用于测量小目标之间的相似性。

9.1.3　改进的 EMA 注意力机制

SENet 的通道注意力机制[18]采用多层感知的方式计算通道权重，由于全连接层的大量使用增加了参数，使得计算速度降低，算法实时性效果较差，全连接方式破坏了通道与权重之间的直接对应关系。ECA 通道注意力机制[19]与 SENet 相同，首先对输入初始特征 F 通过全局平均池化将全局空间特征信息进行求和压缩，形成各自的通道特征。

无论是 SENet 还是 ECA 模块，都是通过全局平均池化完成特征信息的压缩，但是全局平均池化对于目标的整体认知有限，因此会丢失一些目标的细节特征。而最大池化对目标的细节特征信息有效。

CBMA[20]融合了 CAM 和 SAM，该机制先进行通道注意力运算，将通道注意力运算结果作为空间注意力的输入，在 CAM 和 SAM 上均采用了最大池化和平均池化，实现全局上下文信息的融合，保证信息的完整性。

利用 SE 模块的类似方法，OuYang 等[21]提出了 EMA，在 CA 模块[22]中利用全局平均池化对跨通道信息进行建模，同时将空间位置信息嵌入通道注意力模块，增强特征的聚合。该模型将通道进行重塑，使其变为批量维度，并将通道维度划分为多个子特征，使空间语义特征在每个子特征组中均匀分布。本章注意到，EMA 模块在 CA 模块中仅使用了平均注意力机制，对于小目标检测效果不佳，因此本章在 EMA 模块的基础上进行改进，提出了高效多尺度空间注意力（efficient multi-scale spatial attention，EMSA）模块。对于吸烟小目标检测而言，为了更好地保留目标的细节特征信息，在 EMA 模块的两个分支上进行 softmax 操作之前增加最

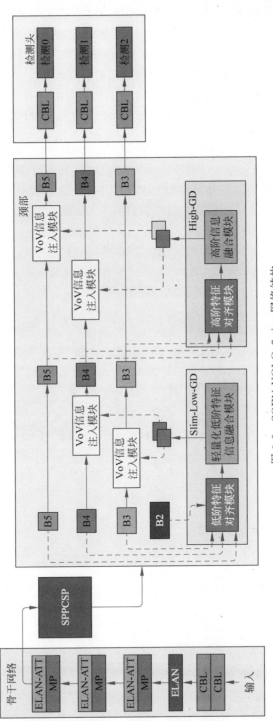

图 9-2　SGEN-YOLOv7-tiny 网络结构

（请扫Ⅱ页二维码看彩图）

大池化。同时,在 EMA 模块结果输出后沿着通道轴应用平均池化和最大池化操作,将池化结果连接起来生成一个高效的特征描述符,然后将它们平均池化结果与最大池化结果连接后的特征(特征描述符)通过一个卷积核为 7×7 卷积层进行卷积,生成一个二维空间注意力图,获得更大的感受视野使模型能够捕捉更广泛的全局上下文信息,并增强模型特征提取能力和引入更多非线性操作,可帮助模型学习更复杂的特征表示,从而提高对小目标的细节提取能力,EMSA 模块结构图如图 9-3 所示。

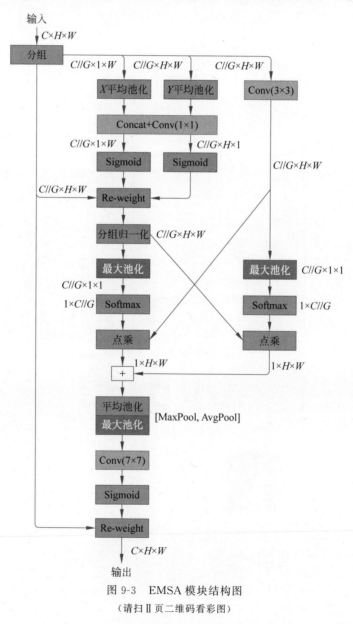

图 9-3　EMSA 模块结构图

(请扫 II 页二维码看彩图)

为了更好地提取小目标的关键特征,在 ELAN 模块中加入 EMSA 模块,如图 9-4 所示,通过对 3 个 CBL 层输出的特征在空间和通道 2 个维度重要程度的学习,优化特征融合网络输入端的特征,提升后续特征融合网络的性能。

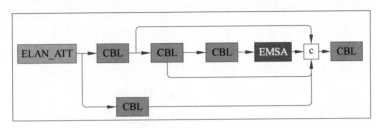

图 9-4　ELAN_ATT 模块

（请扫Ⅱ页二维码看彩图）

9.2　S-GD 机制

YOLOv7-tiny 颈部结构,采用传统的 FPN 结构（图 9-5）,该结构包括用于多尺度特征融合的多个分支。FPN 结构在多尺度特征融合方面有一定的优势,但是在高分辨率图像上会增加计算量导致信息传递损失,影响小目标的精确检测。此外,FPN 结构对于密集目标场景可能产生大量重叠的检测结果,进而影响后续处理,而且其训练和调优难度较大,不易在资源有限的环境中应用和优化。

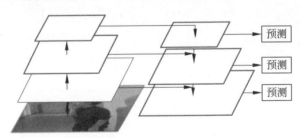

图 9-5　FPN 结构

为了解决以上问题,融合 Slim-Neck 的思想,对 GD 机制进行改进,提出 S-GD 机制替代传统的 FPN 结构,通过使用统一模块来收集和融合来自所有层次的信息,随后将其分布到不同层次,不仅避免了传统 FPN 结构固有的信息丢失,还增强了颈部的部分信息融合能力,并且不会显著增加延迟。

为了增强模型对不同尺寸、不同距离香烟检测的能力,使用 GD 机制中的两个分支:低阶段聚集的分发分支（Slim-Low-GD）和高阶段聚集的分发分支（High-GD）,分别提取和融合大尺寸和小尺寸的特征图。在图 9-2 中,输入颈部的部分包括骨干提取的特征图 $B2$、$B3$、$B4$、$B5$,其中 $Bi \in P_N \times CB_i \times RB_i$,批量大小用 N

表示,通道数用 C 表示,维度用 $R=H\times W$。此外,R_{B2}、R_{B3}、R_{B4}、R_{B5} 和的维度分别为 R、$1/2R$、$1/4R$ 和 $1/8R$。

在 S-GD 机制中,包括 3 个模块:特征对齐模块(feature alignment module, FAM)、改进的信息融合模块(information fusion module,IFM)、改进的信息注入模块跨颈部分网络-信息注入模块(value of values-in ject,VOV-Inject)。FAM 的作用是收集并对来自不同级别的特征进行对齐;改进的低阶信息融合模块(Slim-Low-IFM)主要将 Low-IFM 模块融合 GSConv 进行轻量化改进,将已对齐的特征进行融合以生成全局信息;改进的 VOV-Inject 模块有效减少特征通道的数量,同时拥有不同尺度特征提取的能力,从而增强分支的检测能力。

9.2.1　Slim-Low-GD 模块

本节将 GD 机制中 Slim-Low-IFM 模块融合 GSConv(具体见 9.2.4 节相关内容)进行轻量化改进,提出 Slim-Low-IFM 模块,加强模型的非线性表达能力,在 Slim-Low-GD 中,从主干中选取输出 B2、B3、B4、B5 这些特征进行融合,以获得保留小目标信息的具有高分辨率的特征。Slim-Low-GD 设计结构如图 9-6 所示。

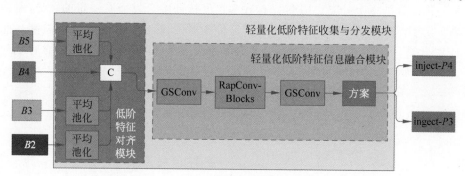

图 9-6　Slim-Low-GD 模块
(请扫Ⅱ页二维码看彩图)

在低阶特征对齐模块 Low-FAM 中,使用平均池化对输入特征进行下采样并实现统一的大小。将特征调整到最小特征 $R_{B4}=1/4R$。为了控制颈部部分的延迟,有必要保持更小的特征大小。因此,选择 R_{B4} 作为特征对齐的目标大小,以实现速度和准确性之间的平衡。

低阶信息融合模块 Slim-Low-IFM 设计包括多层重新参数化卷积块 GS-RepBlock 和拆分操作。本节在原有的 RepBlock 层中引入了 GSConv 模块,以替代标准卷积,从而降低了模型的参数量和计算量,同时最大限度地保证了采样效果。

其中,GS-RepBlock 将 F_{align}(通道=sum(C_{B2},C_{B3},C_{B4},C_{B5}))作为输入并产生 F_{fuse}(通道=$C_{B4}+C_{B5}$)。GS-RepBlock 生成的特征随后被拆分为 F_{injp3} 和

F_{injp4}，然后将其与不同级别的特征融合（F_{injp3} 和 F_{injp4} 都是注入模块中的输入特征），其计算公式为

$$F_{\text{align}} = \text{Low\_FAM}([B2,B3,B4,B5]) \tag{9-1}$$

$$F_{\text{fuse}} = \text{RepBlock}(F_{\text{align}}) \tag{9-2}$$

$$F_{\text{injp3}}, F_{\text{injp4}} = \text{Split}(F_{\text{fuse}}) \tag{9-3}$$

9.2.2　High-GD 模块

High-GD 模块融合了 Slim-Low-GD 算法产生的特征 $\{P3, P4, P5\}$，如图 9-7 所示。高阶特征对齐模块 High-FAM 由平均池化进行提取，同时将输入特征的维度降低到统一的大小。即当输入特征的大小为 $\{R_{P3}, R_{P4}, R_{P5}\}$ 时，平均池化将特征大小减少到特征组内最小的大小（$R_{P5} = 1/8R$）。由于 transformer[23] 模块提取的是高阶信息，池化操作在减少后续步骤的计算需求的同时，也有利于信息的聚合。

高阶信息融合模块（High-IFM）包括转化（Transformer）和分割（Split）操作，每个转化操作包括多头注意力、前馈网络、残差连接。分割操作如下：①从高阶特征模块派生出的 F_{align}，使用变压器块进行组合以获得 F_{fuse}；②通过一个 Conv1× 1 操作将 F_{fuse} 通道减少到 C_{P4} 和 C_{P5} 的和；③通过分裂操作，将 F_{fuse} 沿着通道维度划分为 $F_{\text{inj\_N4}}$ 和 $F_{\text{inj\_N5}}$，随后与当前级别的特征进行融合，其计算公式为

$$F_{\text{align}} = \text{High\_FAM}([P3,P4,P5]) \tag{9-4}$$

$$F_{\text{fuse}} = \text{Transformer}(F_{\text{align}}) \tag{9-5}$$

$$F_{\text{inj\_N4}}, F_{\text{inj\_N5}} = \text{Split}(\text{Conv1} \times 1(F_{\text{fuse}})) \tag{9-6}$$

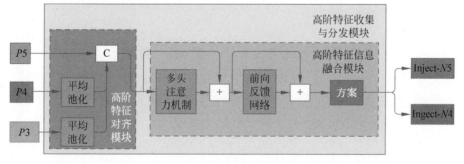

图 9-7　High-DG 模块

（请扫 II 页二维码看彩图）

9.2.3　改进的信息注入模块

基于 Gather-and-Distribute 机制中 Inject 模块，将其模块中的 RepConvblocks 部分,替换为 VoV-GSCSP 模块(具体见 9.2.4 节相关内容),从而形成一种全新的 VOV-inject 模块,其能够有效减少特征通道的数量,同时拥有不同尺度特征提取的能力,灵活高效,其网络结构图如图 9-8 所示。

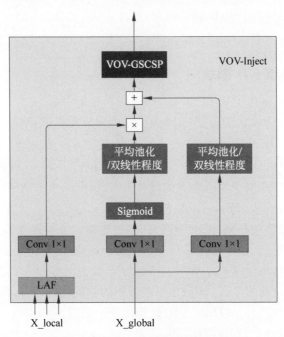

图 9-8　VOV-inject 模块网络结构图
(请扫Ⅱ页二维码看彩图)

　　为了更有效地将全局信息注入不同的级别,引入信息注入模块,使用注意操作来融合信息。输入局部信息(当前级别的特征)F_{local} 和全局注入信息(由 IFM 生成)F_{inj},使用两个不同的卷积和 F_{inj} 进行计算,得到 F_{global_embed} 和 F_{act}。同时,F_{local_embed} 是通过使用 F_{local} 和 Conv 来计算的。然后通过注意力计算融合特征 F_{out}。由于 F_{local} 和 F_{global} 的大小差异,采用平均池化或双线性插值,根据 F_{inj} 的大小缩放 F_{global_embed} 和 F_{act},确保适当的对齐。在每个注意力融合结束时,添加 VoV-GSCSP(具体见 9.2.4 节相关内容)以进一步提取和融合信息。

　　为了进一步提高性能,引入了一个轻量级的相邻层融合(LAF)模块。这个模块是对 VOV-inject 模块的增强,该模块被添加到 VOV-inject 模块的输入位置。为了在速度和准确性之间取得平衡,设计了两个 LAF 模型:低级别的 LAF 模型(图 9-9)和高级别的 LAF 模型(图 9-10),分别用于低级别的注入(合并相邻两层的特征)和高级别的注入(合并相邻一层的特征)。

　　在低阶时,F_{local} 等于 B_i,所以公式如下:

$$F_{global\_act\_Pi} = \text{resize}(\text{Sigmoid}(\text{Conv}_{act}(F_{inj\_Pi}))) \tag{9-7}$$

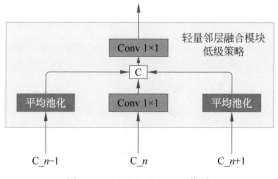

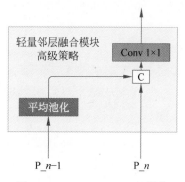

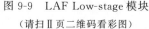

图 9-9　LAF Low-stage 模块　　　　　　图 9-10　LAF High-stage 模块

（请扫Ⅱ页二维码看彩图）　　　　　　（请扫Ⅱ页二维码看彩图）

$$F_{\text{global\_embed\_}Pi} = \text{resize}(\text{Conv}_{\text{global\_embed\_}Pi}(F_{\text{inj\_}Pi})) \tag{9-8}$$

$$F_{\text{att\_fuse\_}Pi} = \text{Conv}_{\text{local\_embed\_}Pi}(Bi) * F_{\text{global\_act\_}Pi} + F_{\text{global\_embed\_}Pi} \tag{9-9}$$

$$Pi = \text{VoV-GSCSP}(F_{\text{att\_fuse\_}Pi}) \tag{9-10}$$

在高阶时，F_{local} 等于 Pi，因此公式如下：

$$F_{\text{global\_act\_}Ni} = \text{resize}(\text{Sigmoid}(\text{Conv}_{\text{act}}(F_{\text{inj\_}Ni}))) \tag{9-11}$$

$$F_{\text{global\_embed\_}Ni} = \text{resize}(\text{Conv}_{\text{global\_embed\_}Ni}(F_{\text{inj\_}Ni})) \tag{9-12}$$

$$F_{\text{att\_fuse\_}Ni} = \text{Conv}_{\text{local\_embed\_}Ni}(Pi) * F_{\text{global\_act\_}Ni} + F_{\text{global\_embed\_}Ni} \tag{9-13}$$

$$Ni = \text{VoV-GSCSP}(F_{\text{att\_fuse\_}Ni}) \tag{9-14}$$

9.2.4　改进的 VoV-GSCSP 模块

基于 Slim-neck 算法中的 VoV-GSCSP 模块可以有效减少特征通道的数量，提高模型的检测速度和准确性，因此引入本章提出的网络架构中。对 GS-bottleneck 模块及 VoV-GSCSP 模块进行改进，使用轻量级卷积方法 DWConv 来代替空间卷积神经网络，从而形成 GS-bottleneck 模块，达到减小计算量、提升计算效率的目的。GS-bottleneck 模块结构图如图 9-11 所示，改进的 VoV-GSCSP 模块结构图如图 9-12 所示。

在图 9-11 和图 9-12 中，DWConv 是卷积神经网络中的一种重要计算模式，主要分为 2 个步骤：depth-wise convolution[24]（DW）和 pointwise convolution[25]（PW）。DWConv 在实现深度可分离卷积的时候，先对每个通道进行独立的卷积，然后通过 PWConv 合并所有通道的输出特征图，从而达到提升计算效率的目的。DWConv 可以在单个通道上实现一个卷积操作，然后应用于多个通道，从而减少了计算量。

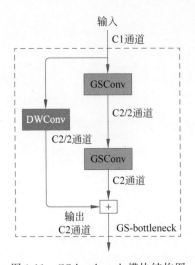

图 9-11　GS-bottleneck 模块结构图
（请扫Ⅱ页二维码看彩图）

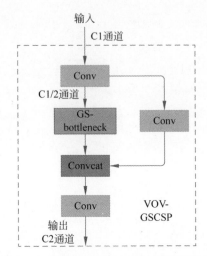

图 9-12　改进的 VOV-GSCSP 模块结构图
（请扫Ⅱ页二维码看彩图）

GSConv 是使用 SC、深度可分离卷积（depth-wise separable convolution，DSC）[26]和混洗的卷积组合的一种轻量级新型卷积技术，使用混洗将 SC（通道密集卷积操作）生成的信息渗透到 DSC 生成的每部分信息中。

9.3　损失函数 NWD

小目标检测非常具有挑战性，目前大多数据算法满意度较低，为了提高小目标检测的准确性，Panaretos 提出了一种新的基于 Wasserstein 距离[27]的小目标检测评估方法，以此替代传统的 IoU 度量方式。首先将 BBox 建模为二维高斯分布，然后提出一种新的度量标准，称为归一化瓦瑟斯坦距离（normalized Wasserstein distance，NWD），通过它们对应的高斯分布计算它们之间的相似性。NWD 可以应用于单级和多级基于锚的检测器。此外，NWD 不仅可以替代标签分配中的 IoU，还可以替代 NMS 和回归损失函数中的 IoU，具体步骤如下。

步骤 1：高斯建模。

二维高斯分布的概率密度函数为

$$f(x \mid \mu, \Sigma) = \frac{\exp\left(-\dfrac{1}{2}(x - \mu)^{\mathrm{T}} \Sigma^{-1} (x - \mu)\right)}{2\pi \mid \Sigma \mid^{\frac{1}{2}}} \tag{9-15}$$

式中，x、μ 和 Σ 分别表示高斯分布的坐标(x, y)、均值向量和协方差矩阵。

$$(x - \mu)^{\mathrm{T}} \Sigma^{-1} (x - \mu) = 1 \tag{9-16}$$

当式(9-15)中的椭圆将是二维高斯分布的密度轮廓。因此,水平边界框 $R = (Cx, Cy, w, h)$ 可以建模为二维高斯分布 $N(\mu, \Sigma)$,其中,

$$\mu = \begin{bmatrix} Cx \\ Cy \end{bmatrix}, \quad \Sigma = \begin{bmatrix} \dfrac{w^2}{4} & 0 \\ 0 & \dfrac{h^2}{4} \end{bmatrix} \tag{9-17}$$

此外,边界框 A 和 B 之间的相似性可以转化为 2 个高斯分布之间的分布距离。

步骤 2: 归一化高斯-瓦瑟斯坦距离。

对于 2 个二维高斯分布, $\mu_1 = N(m_1, \Sigma_1)$ 和 $\mu_2 = N(m_2, \Sigma_2)$, μ_1 和 μ_2 之间的瓦瑟斯坦距离为

$$W_2^2(\mu_1, \mu_2) = \| m_1 - m_2 \|_2^2 + \| \Sigma_1^{1/2} - \Sigma_2^{1/2} \|_F^2 \tag{9-18}$$

式中, $\| \cdot \|_F^2$ 是弗罗贝尼乌斯范数。

除此之外,对于由水平边界框 $A = (Cx_a, Cy_a, w_a, h_a)$ 和 $B = (Cx_b, Cy_b, w_b, h_b)$ 建立的高斯分布 N_a 和 N_b,上式可以进一步简化为

$$W_2^2(N_a, N_b) = \left\| \left(\left[Cx_a, Cy_a, \frac{w_a}{2}, \frac{h_a}{2} \right]^{\mathrm{T}}, \quad \left[Cx_b, Cy_b, \frac{w_b}{2}, \frac{h_b}{2} \right]^{\mathrm{T}} \right) \right\|_F^2 \tag{9-19}$$

但是 $W_2^2(N_a, N_b)$ 是一个距离度量,不能直接用作相似性度量([0,1]的值作为 IoU)。因此,使用它的指数形式归一化,得到了新的度量,称为归一化瓦瑟斯坦距离,其计算公式为

$$\mathrm{NWD}(N_a, N_b) = \exp\left(-\frac{\sqrt{W_2^2(N_a, N_b)}}{C} \right) \tag{9-20}$$

式中, C 是与数据集密切相关的常数。在下面的实验中,根据经验设置 C 到数据集的平均绝对大小并达到最佳性能。

基于 NWD 的损失函数,其计算公式为

$$l_{\mathrm{NWD}} = 1 - \mathrm{NWD}(N_p, N_g) \tag{9-21}$$

式中, N_p 为预测框 p 的高斯分布模型; N_g 为 GT Box $g[]$ 的高斯分布模型。根据介绍,即使在 $|P \bigcap G| = P$ or G 的情况下,基于 NWD 的损失函数也可以提供梯度。

NWD 损失函数无论小目标之间是否存在重叠,都可以通过度量分布相似性来评估它们之间的相似程度。在处理不同尺度的目标时表现出较低的敏感性,并且具有位置偏差平滑的优点,因此更适合用于测量小目标之间的相似性。

9.4　实验过程

9.4.1　实验环境及参数

实验所采用的硬件配置 Intel(R) Xeon(R) Gold 5218R CPU@2.10 GHz 处理器以及 NVIDIA A10 24GB 显卡。软件环境为 CUDA12.0,操作系统为 Windows10。网络模型基于 Pytorch 框架构建,使用的 Python 版本为 3.8.5,Pytorch 版本为 2.1.0+cu118。训练阶段的超参数设置如表 9-1 所示。

表 9-1　实验参数设置

参　　数	数　　值
输入图片分辨率	640
初始学习率	0.01
批次	32
训练次数	300
动量因子	0.937
衰减权重	0.000 5

9.4.2　数据集

网络的训练和验证均使用自建数据集共 4 880 张静态图像,分辨率为 1 280×720,共一个分类：smoke；该数据集以小目标为主,最小目标的像素为 3×1,最大为 416×790。数据集包含吸烟者、各种吸烟姿势(举着烟、吸烟动作等)、各种背景(户外、室内、光线不同等),对于模型训练来说,多样性和真实性是非常重要的,因此本数据集尽可能地覆盖了各种吸烟情境。对图像进行标注,标注吸烟的位置、姿势、可能的烟雾区域等。确保标注是准确和一致的,以便于算法的训练。通过应用图像增强技术,如翻转、调整亮度、灰度化、拼接、模糊、缩放等手段,以增加数据集的多样性。同时,2∶1∶1 的划分方法将数据集分割为训练集、验证集和测试集,确保模型具备优良的泛化能力,并且能够准确评估模型的性能。

9.4.3　性能指标

为了更加直观地展示网络改进效果,采用准确率(P)、召回率(R)、平均准确率(AP)、平均准确率均值(mAP@0.5)和 mAP@5.95 作为评价指标。P、R、AP 和 mAP 的计算公式分别为

$$P = \frac{\text{TP}}{\text{TP} + \text{FP}} \tag{9-22}$$

$$R = \frac{TP}{TP + FN} \tag{9-23}$$

$$AP = \int_0^1 P(r)\, dr \tag{9-24}$$

$$mAP = \frac{1}{n} \sum_{k=1}^{n} AP_k \tag{9-25}$$

式中,n 为目标检测的总类别数;FN 表示正样本被预测为负样本的个数;TP 表示正样本被预测为正样本的个数;FP 表示负样本被预测为正样本的个数;$P(r)$ 为以召回率为 X 轴和准确率为 Y 轴绘制出的曲线,又称 P-R 曲线,其与坐标轴围成图形的面积大小即为平均准确率。在 IoU 阈值改变时,以上 4 个值都会有所改变。

9.4.4 对比实验

1. 改进 Gather-and-Distribute 机制前后对比实验

根据表 9-2、表 9-3 的数据可以清晰地看到,将 Slim-Gather-and-Distribute 机制应用在 YOLOv7-tiny 模型上相较于原始模型,参数量明显降低,计算量也大幅减少,同时精度也有很大提升,整体上为后续的轻量化处理提供了良好的基础。

表 9-2 改进后 Gather-and-Distribute 机制内模块的参数对比

modules	IFM	Slim-Low-IFM	inject	VOVCSP-inject	VOVCSPC-inject
Param	0.36M	0.31M	0.54M	0.51M	0.48M

表 9-3 改进前后 Gather-and-Distribute 机制的实验对比

modules	Precision/%	Recall/%	mAP@0.5/%	mAP@.5:.95/%	Param/M	FLOPs/G
YOLOv7-GD	92.46	89.47	92.44	59.2	8.92	16.2
YOLOv7-S-GD	93.39	92.23	93.84	58.52	8.56	14.7

2. 不同算法对比实验

为进一步体现本章算法对吸烟检测的优势,将改进后的算法与 YOLOv5s 算法、YOLOv7 算法、YOLOv8n 算法以及 RT-DETR 系列算法[28],在准确率(Precision)、召回率(Recall)检测、平均精度(mAP@0.5、mAP@5.95)、参数(Param)、时间复杂度(FLOPs)上进行对比。

实验如表 9-4 所示,模型训练结果如图 9-13 所示。由表 9-4 和图 9-13 表明,改进后的网络模型对吸烟目标的识别精度大大优于其他网络模型,并且在精度和运算效率之间取得了较好的平衡。

表 9-4 不同算法对比实验

modules	P/%	R/%	mAP@0.5/%	mAP@5.95/%	Param/M	FLoPs/G
YOLOv5-s	90.11	83.80	88.69	53.44	7.23	16.5
YOLOv7-tiny	91.97	88.05	91.07	56.10	6.22	13.9
YOLOv7	89.37	79.49	87.11	49.57	37.60	106.5
YOLOv8-n	90.60	84.30	90.00	58.40	3.01	8.2
RT-DETR-R18	88.70	74.90	85.60	48.79	20	60
RT-DETR-R34	91.70	78.20	88.90	52.60	31	93
RT-DETR-R50	92.70	79.30	90.50	55.80	36	100
RT-DETR-R101	92.80	80.30	90.70	56.10	76	259
本章算法	94.24	92.30	93.90	59.70	8.61	15.1

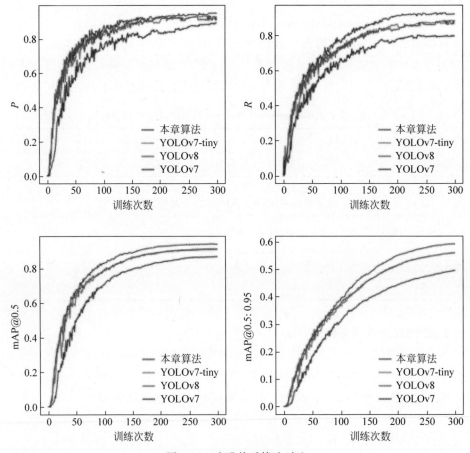

图 9-13 改进前后算法对比

（请扫Ⅱ页二维码看彩图）

如图 9-14 所示,对比了改进前后的 box_loss 和 obj_loss。从图 9-14 中可以直接看出,改进后的算法相较于原算法具有更小的损失率。具体来说,改进后的 box_loss 值稳定在 0.015 上下,这表明改进后的算法收敛速度更快,性能更佳。

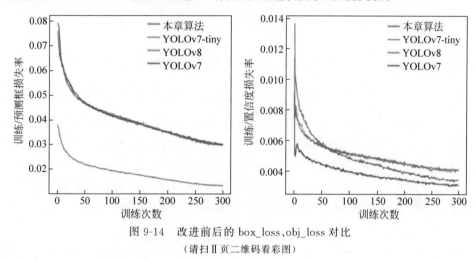

图 9-14   改进前后的 box_loss、obj_loss 对比

(请扫 Ⅱ 页二维码看彩图)

9.4.5   消融实验

在对 YOLOv7-tiny 网络进行消融实验中,针对不同改进模块进行了验证,包括 S-GD、本章提出的 EMSA 和 NWD。实验保持了相同的基础条件,并逐步引入这些改进来评估其对算法性能的影响。

首先,未添加任何 SGEN-YOLOv7-tiny 算法作为第一组对照组。接着,分别加入 S-GD 机制、本章提出的 EMSA 模块和 NWD 模块,进行单个模块测试,由表 9-5 中的数据可以直观地看到,各个参数对比原算法均有提升。接着进行多模块融合实验,各个参数指标均有 2% 以上的提升,结果显示,S-GD 机制和本章提出的 EMSA 模块在提升性能方面表现出良好效果,相比原始网络,平均准确率指标有所提升,NWD 模块对性能的提升较弱。总体而言,3 个模块的组合产生了最优的效果,相较于原算法,其在各项指标上分别提升了 2.27%、4.25%、2.83% 和 3.6%。这些消融实验(表 9-5)结果充分证明了所提出的改进对 YOLOv7-tiny 网络的性能具有积极的推动作用。特别是当加入注意力机制和 S-GD 后,对小目标检测的能力得到了显著增强,同时并未增加网络的计算复杂性,反而提高了检测的精确度。

表 9-5   消融实验

S-GD	NWD	EMSA	$P/\%$	$R/\%$	mAP@0.5/%	mAP@5.95/%
×	×	×	91.97	88.05	91.07	56.10
√	×	×	93.39	92.23	93.84	58.52

续表

S-GD	NWD	EMSA	$P/\%$	$R/\%$	mAP@0.5/%	mAP@5.95/%
×	√	×	92.07	88.70	92.11	57.50
×	×	√	92.07	90.18	92.30	57.79
√	√	×	93.63	90.78	93.10	58.35
√	×	√	92.33	91.70	93.47	59.23
×	√	√	93.40	91.81	92.40	58.25
√	√	√	94.24	92.30	93.90	59.70

表 9-6 为在主干网络加入 S-GD 机制与 NWD 模块后再加入不同注意力机制的结果,可以看出使用本章提出的 EMSA 注意力机制情况下,主干网络在几乎不增加参数量和时间复杂度的情况下,平均准确率均值提升较大,mAP@0.5、mAP@5.95 分别提升了 0.8%、1.35%,这说明 EMAS 注意力机制在计算成本和识别精度上取得了较好的平衡,并且针对于小目标的识别效果更优。

表 9-6　不同注意力机制的对比实验

Slim-GD	NWD	CBMA	SE	ECA	EMA	EMSA	#. Param. /M	FLOPs/M	mAP@0.5/%	mAP@5.95/%
√	√						8.60	14.9	93.10	58.35
√	√	√					8.60	14.9	94.24	59.30
√	√		√				8.60	14.9	93.60	59.30
√	√			√			8.59	14.9	93.07	58.52
√	√				√		8.61	15.1	93.60	59.17
√	√					√	8.61	15.1	93.90	59.70

9.5　实验结果与分析

为了比较本章改进模型和原模型在检测效果上的差异,选取了 4 个不同场景下的图像进行检测,包括室内、室外灰度图、驾驶汽车时以及室外道路场景。图 9-15(a) 所示为 YOLOv7-tiny 的检测效果,图 9-15(b) 所示为 RT-DETR-R34[28] 的检测效果,图 9-15(c)所示为改进后的检测效果。通过对比可以看出,经过改进的模型在减少漏检率、提高检测结果的精准度方面有显著优势。以图 9-15 的第一行为例,改进的模型能够精准地检测到 3 个吸烟目标,并且没有错误检测。此外,改进的模型在目标检测精度方面也普遍高于原模型,整体提高了检测效果,从而进一步验证了改进后模型的有效性。

图 9-15 不同场景下检测效果对比

（a）YOLOv7-tiny；（b）RT-DETR-R34；（c）改进后

9.6 本章小结

为了改善目前吸烟检测效率低、精度差的问题，本章在 YOLOv7-tiny 算法的基础上进行改进提出了 SGEN-YOLOv7-tiny 算法，用于在公共场所吸烟行为的实时监测。本章首先在特征提取阶段引入了 EMSA 注意力机制，更好地捕捉小目标的关键特征；其次结合 GSConv 和 slim neck 的思想，对 Gather-and-Distribute 模块进行优化改进，优化了信息融合过程，提高了网络性能和计算效率；最后采用了 NWD 损失函数来代替传统的 IoU 度量，使其更适用于小目标之间的相似性比较，有效提升了检测准确性。最后实验表明，改进后的算法在各项指标上均取得了显著提升，为吸烟检测任务提供了更高的准确性和可靠性。同时，本章算法在算法的实时性能上有待进一步提升。

参考文献

［1］　邢予权.基于手势识别的监控场景下抽烟检测［D］.杭州：浙江工业大学,2020.

［2］　BOCHKOVSKIY A,WANG C-Y,LIAO H-Y M. YOLOv4：Optimal speed and accuracy of object detection［J］. IEEE Conference on Computer Vision and Pattern Recognition,2020.

［3］　RAHIMA K,MUHAMMAD H. What is YOLOv5：A deep look into the internal features of the popular object detector［J］. Computer Vision and Pattern Recognition,2024,arXiv：2407.20892.

［4］　孙召龙,徐昕,朱云龙,等.基于 YOLOv5 的油田作业现场吸烟检测方法［J］.系统仿真技术,2021,17(2)：89-93.

［5］　王超平.基于改进 YOLOv5 的吸烟场景目标检测算法研究［D］.济南：齐鲁工业大学,2023.

［6］　LI C Y,LI L L,JIANG H L,et al. YOLOv6：a single-stage object detection framework for industrial applications［EB/OL］.（2022-09-07）［2023-06-26］. https://arxiv. org/pdf/2209.02976.

［7］　WANG C Y,BOCHKOVSKIY A,LIAO H Y M. YOLOv7：trainable bag-of-freebies sets new state-of-the-art for real-time object detectors［C］. 2023 IEEE/CVF Conference on Computer Vision and Pattern Recognition (CVPR),Vancouver,2023：7464-7475.

［8］　LIU W,ANGUELOV D,ERHAN D,et al. SSD：single shot multibox detector［EB/OL］.(2015-12-08)［2016-12-29］. https://arxiv. org/pdf/1512.02325.

［9］　李波,杨慧,石实,等.基于改进 Faster R-CNN 的吸烟检测算法研究［J］.现代信息科技,2023,7(15)：69-72.

［10］　REN S,HE K,GIRSHICK R,et al. Faster R-CNN：towards real-time object detection with region proposal networks［J］. IEEE transactions on pattern analysis and machine intelligence,2017,39(6)：1137-1149.

［11］　DUAN K W,BAI S,XIE L X,et al. Centernet：keypoint triplets for object detection［C］. 2019 IEEE/CVF International Conference on Computer Vision (ICCV),Seoul,2019：6568-6577.

［12］　刘浩翰,樊一鸣,贺怀清,等.改进 YOLOv7-tiny 的目标检测轻量化模型［J］.计算机工程与应用,2023,59(14):166-175.

［13］　袁梦,苏工兵,王晶,等.基于 BCGS-YOLOv7 tiny 的零件表面微小缺陷检测［J］.制造技术与机床,2023(10):137-144.

［14］　赵敏,杨国亮,王吉祥,等.改进 YOLOv7-tiny 的安全帽实时检测算法［J］.无线电工程,2023,53(8):1741-1749.

［15］　WANG C,HE W,NIE Y,et al. Gold-YOLO：Efficient object detector via gather-and-distribute mechanism［EB/OL］.（2023-09-20）［2023-10-23］. https://arxiv. org/pdf/2309.11331.

［16］　LI H L,LI J,Wei H B,et al. Slim-neck by GSConv：a better design paradigm of detector architectures for autonomous vehicles［EB/OL］.（2022-06-06）［2024-07-02］. https://

arxiv. org/abs/2206. 02424.

[17] WANG J,XU C,YANG W,et al. A normalized gaussian wasserstein distance for tiny object detection [EB/OL]. (2021-10-26) [2022-06-14]. https://arxiv. org/pdf/ 2110. 13389.

[18] HU J,SHEN L,SUN G. Squeeze-and-excitation networks [J]. IEEE transactions on pattern analysis and machine intelligence,2018,42(8): 2011-2023.

[19] WANG Q L,WU B G,ZHU P F,et al. ECA-Net: efficient channel attention for deep convolutional neural networks[C]. 2020 IEEE/CVF Conference on Computer Vision and Pattern Recognition (CVPR),Seattle,2020: 11531-11539.

[20] MI N H,ZHANG X X,HE X,et al. CBMA: coded-backscatter multiple access[C]. 2019 IEEE 39th International Conference on Distributed Computing Systems (ICDCS),Dallas, 2019: 799-809.

[21] OUYANG D,HE S,ZHANG G,et al. Efficient multi-scale attention module with cross-spatial learning [C]. ICASSP 2023-2023 IEEE International Conference on Acoustics, Speech and Signal Processing (ICASSP),Rhodes Island,2023: 1-5.

[22] LI Y H,YAO T,PAN Y W,et al. Contextual transformer networks for visual recognition [J]. IEEE transactions on pattern analysis and machine intelligence, 2022, 45 (2): 1489-1500.

[23] HAN K,XIAO A,WU E, et al. Transformer in transformer [J]. Advances in neural information processing systems,2021,34: 15908-15919.

[24] GUO Y H,LI Y D,WANG L Q,et al. Depthwise convolution is all you need for learning multiple visual domains [J]. Computer vision and pattern recognition, 2019, 33: 8368-8375.

[25] HUA B S,TRAN M K,YEUNG S K. Pointwise convolutional neural networks[C]. 2018 IEEE/CVF Conference on Computer Vision and Pattern Recognition, Salt Lake City, 2018: 984-993.

[26] DANG L,PANG P,LEE J. Depth-wise separable convolution neural network with residual connection for hyperspectral image classification[J]. Remote sensing,2020,12(20): 3408.

[27] PANARETOS V M,ZEMEL Y. Statistical aspects of wasserstein distances[J]. Annual review of statistics and its application,2019,6: 405-431.

[28] LV W,XU S,ZHAO Y,et al. Detrs beat YOLOs on real-time object detection[C]. 2024 IEEE/CVF Conference on Computer Vision and Pattern Recognition (CVPR),Seattle, 2024: 16965-17016.